# HOMERS ILIAS
## GESAMTKOMMENTAR

SAMMLUNG WISSENSCHAFTLICHER COMMENTARE

# HOMERS ILIAS

## GESAMTKOMMENTAR
## (BASLER KOMMENTAR / BK)

### AUF DER GRUNDLAGE DER AUSGABE VON
### AMEIS-HENTZE-CAUER (1868–1913)

HERAUSGEGEBEN VON
ANTON BIERL UND
JOACHIM LATACZ

DE GRUYTER

# HOMERS ILIAS

## GESAMTKOMMENTAR
## (BASLER KOMMENTAR / BK)

### HERAUSGEGEBEN VON
### ANTON BIERL UND
### JOACHIM LATACZ

### BAND XIII
### VIERTER GESANG (Δ)
#### FASZIKEL 1: TEXT UND ÜBERSETZUNG

### VON
### MARTIN L. WEST † (TEXT)
### UND
### JOACHIM LATACZ (ÜBERSETZUNG)

DE GRUYTER

Die Erarbeitung des Ilias-Gesamtkommentars
wird finanziert vom Schweizerischen Nationalfonds
zur Förderung der wissenschaftlichen Forschung, Bern,
der Freiwilligen Akademischen Gesellschaft, Basel,
der Max Geldner-Stiftung, Basel,
der Frey-Clavel-Stiftung, Basel,
und der Hamburger Stiftung zur Förderung von
Wissenschaft und Kultur.

Für vielfältige Unterstützung danken wir besonders
Herrn Prof. Dr. Peter Blome (Basel).

ISBN 978-3-11-046639-3
e-ISBN (PDF) 978-3-11-046845-8
e-ISBN (EPUB) 978-3-11-046787-1
ISSN 1864-3426

*Library of Congress Cataloging-in-Publication Data*
A CIP catalog record for this book has been applied for at the Library of Congress.

*Bibliografische Information der Deutschen Nationalbibliothek*
Die Deutsche Nationalbibliothek verzeichnet diese Publikation in der Deutschen
Nationalbibliografie; detaillierte bibliografische Daten sind im Internet
über http://dnb.dnb.de abrufbar.

© 2017 Walter de Gruyter GmbH, Berlin/Boston

Druck: Hubert & Co. GmbH & Co. KG, Göttingen
∞ Gedruckt auf säurefreiem Papier

Printed in Germany

www.degruyter.com

# INHALT

# ZUM TEXT

Der vorliegende Text wurde aus Martin L. Wests Ilias-Edition in der *Bibliotheca scriptorum Graecorum et Romanorum Teubneriana* (Stuttgart/Leipzig/München 1998/2000) übernommen. Für die Belange des Kommentars hat Martin West die wichtigsten Hinweise zur Textgestaltung im untenstehenden Abschnitt 'Orthographisches' (S. X–XVI) zusammengefaßt; den *apparatus criticus* hat Almut Fries neu gestaltet (s. S. XVII); der Testimonien-Apparat konnte hier entfallen. Einen Abriß der Überlieferungsgeschichte bietet das Kapitel 'Zur Geschichte des Textes' (GT) im Prolegomena-Band. – Eine typographische Besonderheit der vorliegenden Ausgabe stellt die Hervorhebung der direkten Reden durch Kursivsatz dar. Damit wird dem 'Fokalisations'-Unterschied zwischen Erzähler-Text und Figuren-Sprache Rechnung getragen, dem im Kommentar besondere Aufmerksamkeit geschenkt wird (s. dazu das Prolegomena-Kapitel 'Homerische Poetik in Stichwörtern' s.v. 'Sekundäre Fokalisation').

## *Abkürzungen und Siglen*

GRAMMATICI

| | |
|---|---|
| Ammon | Ammonius |
| ApS | Apollonius Sophista |
| Ar | Aristarchus |
| Ar$^{ab}$ | Didymi exemplaria duo Aristarchea |
| Arn | Aristonicus |
| Arph | Aristophanes Byzantius |
| Did | Didymus |
| DSid | Dionysius Sidonius |
| Epm | Epimerismi Homerici |
| Hdn | Herodianus |
| Nic | Nicanor |
| Ptol | Ptolemaeus Ascalonita |
| Tyr | Tyrannio |
| Zen | Zenodotus |

## Fontes antiquiores

| | |
|---|---|
| $\mathfrak{P}$ | ἡ πολύστιχος |
| pp | papyri |
| p | papyrus una |
| sch | scholia |
| sch$^{bT}$ | scholia in libris B C E F T tradita |
| sch$^{D}$ | scholia minora quae dicuntur |
| sch$^{G}$ | scholia in libro G tradita |
| tt | testimonia auctorum antiquorum |
| t | testimonium auctoris unius |

## Codices aevi medii

| | |
|---|---|
| A | Marc. gr. 822 (olim 454), saec. x |
| B | Marc. gr. 821 (olim 453), saec. xi |
| C | Laur. 32.3, saec. xi–xii |
| D | Laur. 32.15, saec. x (sed in *Il.* 1–4 saec. xii) |
| E | Scorial. Y.I.1 (291), saec. xi (sed in *Il.* 1.29–200 saec. xii) |
| F | Scorial. Ω.I.12 (509), saec. xi |
| G | Genav. 44, saec. xiii |
| H | Vindob. phil. gr. 117, saec. xiii |
| O | Oxon. Bodl. New College 298, saec. xiii |
| R | Oxon. Bodl. Auct. T.2.7, saec. xii |
| T | Lond. Bibl. Brit. Burney 86, ann. 1059 |
| V | Vat. gr. 26, saec. xiii |
| X | Sinaiticus, saec. ix (fragmentum: Δ 367–?) |
| Y | Paris. suppl. gr. 663, saec. xi (fragmenta, excerpta) |
| W | Vat. gr. 1319, saec. xii |
| Z | Rom. Bibl. Nat. gr. 6 + Matrit. 4626, saec. ix (lemmata et sch$^{D}$) |
| *b* | archetypus librorum B C E |
| *h* | archetypus librorum M N P |
| Ω | libri A D B C E F T (Y) R W G |
| Ω* | tot horum quot non singuli laudantur |
| r, rr | liber recentior unus vel plures |

## Sigla cetera

| | |
|---|---|
| A$^{a}$ | A ante correcturam |
| A$^{a}$? | fortasse A ante correcturam |
| A$^{c}$ | A post correcturam |
| A$^{\gamma\rho}$ | varia lectio in A adscripta |
| A$^{\lambda}$ | lemma scholii in A |

| | |
|---|---|
| A$^m$ | A in margine |
| A$^s$ | A super lineam |
| A$^{uv}$ | A ut videtur |
| A$^x$ | A ante vel post correcturam (incertum utrum) |
| [ ] | textus papyri periit |
| ⟦ ⟧ | delevit scriba |
| { } | interpolata videntur |
| † † | corrupta videntur |

| | |
|---|---|
| add. | addidit, addiderunt |
| ap. | apud |
| ath. | ἠθέτηκε |
| damn. | damnavit |
| def. | defendit |
| del. | delevit |
| deprec. | deprecatur |
| fort. | fortasse |
| hab. | habet, habent, habuit, habuerunt |
| mg. | in margine |
| m. rec. | manus recentior |
| nol. | noluit |
| nov. | novit |
| om. | omisit, omiserunt |
| prob. | probavit |
| rest. | restituit |
| susp. | suspicatus est (falsum esse) |
| v.l. | varia lectio |

## *Orthographisches* (ORTH)

### 1 ASPIRATION

ἑσπόμην (statt ἑσπ-): ἑ- ist das Augment, σπ- Schwundstufe zum *σεπ- > ἑπ- des Präsens; vgl. Inf. σπέσθαι, Ptz. σπόμενος usw. Formen wie ἕσπεσθαι, ἑσπό- μενος sind wohl erst nachhomerisch.

ἡμέρη (statt ἠμ-, 'Tag') hatte bis ins 5. Jh., wie die Inschriften lehren, keine Aspiration. Diese stammt vielleicht von dem Adjektiv ἥμερος 'zahm' her (THREATTE 1980, 500).

ἱρεύς (= ἱερεύς, 'Priester') hatte laut Herodian keine Aspiration. Die Psilose hier sowie bei ἴρηξ (= ἱέραξ, 'Habicht') ist eine dem Lesbischen und dem asiatischen Ionisch gemeinsame Dialekt-Erscheinung (in diesen Gegenden sagte man ἱρός statt ἱερός).

ὁμοκλή, ὁμοκλάω, ὁμοκλητήρ werden meist (doch nicht stets) in den Handschriften aspiriert, offenbar in dem Glauben, daß das Element ὁμο- darin steckt. Man hat es dagegen ansprechend einem indo-iranischen Wort *áma-* 'Kraft' gleichgestellt (DELG): falls mit Recht, hatte es von Haus aus kein *h*.

### 2 AKZENTUATION

ἔνθά μιν u.ä.: Die antiken Grammatiker lehren, daß trochäisch gemessene Paroxytona vor Enklitika einen zweiten Akut tragen (Herodian 1.563.2f.), und diese Praxis wird in den älteren Handschriften (z.B. 4.247, 4.539, 5.305) weitgehend eingehalten. Sie lehren weiter, daß *alle* Paroxytona den zweiten Akut erhalten, wenn das Enklitikon mit σφ- anlautet: ἄρά σφι usw. (Herodian in schol. 2.255*b*, 6.367*b*, *Od.* 12.40; WACKERNAGEL [1893] 1953, 1095f.; WEST 1966, 440–442; vgl. SCHW. 1.391). Auch dies ist in einigen mittelalterlichen Handschriften noch erhalten (9.99, 11.807, 14.384).

Die zusammengesetzten Adverbien und Präpositionen ἀποπρο διεξ παρεξ ὑπεξ διαπρο περιπρο wurden von den antiken Grammatikern verschieden beurteilt; Aristarch hat anscheinend die beiden Bestandteile jeweils separat geschrieben und orthotoniert: ἄπο πρό, πάρ' ἔξ. Das entspricht genau der vedischen Praxis und muß alt sein. Diese Zusammensetzungen wurden aber offenbar schon lange vor Homer als Einheiten empfunden. Wir schreiben daher ἀποπρο περιπρο πάρεξ ὑπεξ, dagegen διάπρο διέξ, da es ein *δία nicht gab.

ἀϊόντες (statt ἀΐοντες) ist so gut wie nie überliefert, verdient aber den Vorzug, da SCHULZE (1888) 1934, 345, die Form überzeugend für einen Aorist erklärt hat.

ἆλτο, ἔπαλτο usw. (statt ἆλτο, ἐπᾶλτο): Der Umstand, daß die homerischen Dichter offenbar ἐπαλτο mit πάλλομαι in Zusammenhang brachten (LEUMANN 1950, 60–62), so als wäre es als ἔ-παλτο aufzufassen, setzt voraus, daß sie das ε betont und das α kurz hörten: also augmentlos ἔπ-αλτο, nicht (äolisch) augmentiert ἐπ-ᾶλτο. Für das Simplex ἆλτο ist das gleiche anzunehmen.

ἆσσον 'näher' hatte laut Herodian (1.509.19f., 2.942.17f.) kurzes α, wie das entsprechende Positivum ἄγχι: *ἄγχ-jον > ἄσσον. Das wird wieder von den besseren Handschriften geboten (ALLEN 1931, 242); die gewöhnliche Form ἆσσον scheint attisch (WACKERNAGEL [1914] 1953, 1181f.; 1916, 13; CHANTR. 1.190, 256; anders LfgrE s.v. ἄγχι; SIHLER 1995, 363). Ist das richtig, so ist Friedrich Blass (KÜHNER-BLASS 1.555) recht zu geben, der statt der fast einheitlich überlieferten Formen κρείσσων μείζων μᾶλλον θᾶσσον kurzvokalische verlangte: κρέσσων μέζων μάλλον θάσσον. Ein Hesiod-Papyrus hat κρεσσονας (*Op.* 210: Pap. Berol. 21107).

ἐγχεσπάλος und σακεσπάλος erscheinen in modernen Ausgaben und Lexika meist als Proparoxytona. Wegen der aktivischen Bedeutung ('den Speer bzw. den Schild schwingend') ist jedoch Paroxytonese zu erwarten, und tatsächlich wird diese nicht nur von fast allen guten Handschriften geboten (2.131, 14.449, 15.605), sondern im Fall ἐγχεσπάλος auch durch eine ausdrückliche Bemerkung Herodians bestätigt (schol. 2.275*b*: ἐπεσβόλον δὲ ὡς ἐγχεσπάλον).

ἐγώ γε, ἐμοί γε (statt ἔγωγε, ἔμοιγε) hat BEKKER ([1843] 1858, V) gegen die Überlieferung wiederhergestellt; die zweitgenannten Formen sind Ergebnis einer dem Attischen eigentümlichen Regel (s. Ap. Dysc., *Pron.* 49.9ff., *Adv.* 181.30, *Synt.* 138.9), wonach Wörter der Messung ◡ — ◡, die auf der zweiten Silbe betont waren, zu Proparoxytona wurden. Daher auch attisch ἔρημος ἕταιρος ἕτοιμος ὅμοιος gegenüber homerisch ἐρῆμος ἑταῖρος ἑτοῖμος ὁμοῖος.

Die beiden Verben εἰμί 'sum' und φημί erscheinen im Präsens meist als Enklitika: εἰσι bzw. εἰσί, φασι bzw. φασί, usw. Die Schreiber haben das so verallgemeinert, daß sie auch am Satzanfang εἰσί, φασί betonten. Das ist verfehlt, denn in dieser Stellung mußten orthotone Formen stehen, d.h. nicht nur ἔστι (das sich weiterhin behauptet hat), sondern auch εἶσι, φῆμι, φῆσι, φᾶσι (WACKERNAGEL [1877] 1953, 1068; VENDRYÈS 1945, 108. 110).    φημί 2.350 wird übrigens vom Grammatiker Tyrannion befürwortet.

Wenn das Adverb εὖ zweisilbig gemessen wird, schreiben die Herausgeber meist ἐΰ, weil das entsprechende Adjektiv ἐΰς oxyton ist. Das Perispomenon εὖ setzt jedoch ἔΰ voraus, wie Apollonios Dyskolos (*Adv.* 200.20f., 29ff.) und Herodian (1.506.21ff.) akzentuierten und der Venetus A (1.253, 2.78) bietet: im Adverb wird der Akzent zurückgezogen, vgl. τάχα (zu ταχύς), σάφα (zu σαφής).

θαμειαί, ταρφειαί, καυστειρῆς sind in sprachwissenschaftlicher Perspektive Altertümlichkeiten, die von Aristarch bezeugt werden und sich offenbar durch

Rhapsodenüberlieferung, trotz des Ausgleichszwangs der Analogie, bis in die hellenistische Zeit erhalten hatten (WACKERNAGEL [1893] 1953, 1103; [1914] 1953, 1176 bzw. 1126 u. 1175f.; SCHW. 1.385, 474).

κῆρυξ und Φοίνιξ sind nicht als Properispomena zu akzentuieren, wie sie in den meisten Handschriften erscheinen und wie selbst Herodian es für richtig hielt, da der zweite Vokal in beiden Wörtern lang ist, wie die Deklination zeigt (κήρυκος usw.); daß er sich im Nominativ verkürzen sollte, ist undenkbar (Näheres s. WEST 1990, XLVIII).

πίπτε wird richtig sein, nicht πῖπτε, wie meist gedruckt. πι- ist Reduplikationssilbe, also kurz, -πτ- ist Schwundstufe zu πετ-; vgl. μί-μνω (μεν-), τί-κτω (< *τί-τκω: τεκ-), γί-γνομαι (γεν-). Man hat πῖπτε geschrieben wegen ῥῖπτε, das wurzellanges ι hat.

τώ 'darum' wird meist τῶ oder τῷ geschrieben. Das Iota jedenfalls ist sekundär, da es sich um einen alten Instrumentalis oder Ablativus handelt. Die antiken Ansichten über den Akzent sind schwer auszumachen; Apollonios Dyskolos scheint den Akut befürwortet zu haben.

In der Wendung ὦ πόποι bieten die meisten Handschriften und Herausgeber die Akzentuierung ὢ, wie sie für einen Ausruf geeignet wäre. Herodian hat das Wort aber gleich wie in ὦ φίλοι akzentuiert. Sich darüber hinwegzusetzen besteht kein Grund.


### 3 KONTRAHIERTES εο

Die Kontraktion der Vokale εο bzw. εō wird in der homerischen Überlieferung häufig durch die Schreibung ευ wiedergegeben: ἐμεῦ, σευ, καλεῦντο, ἐξοιχνεῦσι usw. Das kann aber schwerlich für den Urtext angenommen werden, da die ionischen Inschriften lehren, daß diese Schreibweise erst um 400 v. Chr. üblich wurde. Davor hat man weiterhin εο geschrieben, nicht aus philologischen Gründen, sondern offenbar deswegen, weil man dieses diphthongierte εο vom ererbten Diphthong ευ in der Aussprache noch unterschied (Beispiele für in Homer-Handschriften erhaltenes -εο- bei WEST 1998, XXII). Bei Homer ist also εο bzw. εου (= εō) stets wieder einzusetzen: ἐμέο, σεο, καλέοντο, ἐξοιχνέουσι. Wo das jüngere ευ vor anlautendem Vokal gekürzt erscheint (scheinbar *correptio epica*), wird man elidiertes -εο annehmen, z.B. 10.146 ἔπε' (so Aristarch) statt ἔπεῦ (Handschriften), 14.95 σε' (Zenodot) statt σεῦ.

## 4 VERSCHIEDENES

ἀγχηστῖνοι (statt ἀγχιστῖνοι) ist die durch Papyri, Zitate und die besseren Handschriften empfohlene Schreibung (5.141, 17.361). Die Bildung ist dunkel; immerhin läßt sich προμνηστῖνοι vergleichen. (Siehe aber RISCH 101.)

ζώνυμι (statt ζώννυμι) ist sprachgeschichtlich die ältere Form und wohl die homerische, wenngleich das nicht strikt beweisbar ist (vgl. WACKERNAGEL 1916, 17; CHANTR. 1.175; CASSIO 1991/93, 201f.). Einfaches -v- ist in einigen Handschriften vorhanden (codd. DT in 5.857, DTG in 10.78, DCETG in 11.15), was freilich nicht viel besagt.

-ησι (statt -ῃσι) in der 3. Sg. Konj. ist die richtige Schreibung, vgl. das bekannte Epigramm auf dem 'Nestor-Becher' aus Pithekoussai (*CEG* 454, um 725 v. Chr.): hος δ' αν τōδε πιεσι ποτεριō κτλ.

θυίω (statt θύω) in der Bedeutung 'rasen, toben' ist vielfach durch Papyri und andere gute Quellen bezeugt und auch sprachwissenschaftlich berechtigt (SCHULZE 1892, 314–316).

Wo Verben auf -ίζω ihr Futur auf -ιω bilden, ist das wohl nicht, wie in der späteren Sprache, als eine kontrahierte Form aufzufassen (-ιῶ), sondern aus *-ίσω herzuleiten und -ίω zu schreiben (WACKERNAGEL [1893] 1953, 828–830; CHANTR. 1.451). Dementsprechend hat Wackernagel in 10.331 ἀγλαΐεσθαι für das überlieferte ἀγλαϊεῖσθαι eingesetzt (a.O. 829).

Beim Präteritum von οἶδα findet man einmal die volle Form ἠ(ϝ)είδεις, sonst jedoch die kürzeren Formen 1. Sg. ἤδεα, 3. Sg. ἤδεε oder ἤδη. Diese haben den Anschein, aus regelrechter Kontraktion entstanden zu sein (ἤει > ἤ). Vor ihnen (sofern sie nicht am Versanfang stehen) liegt jedoch immer Hiat vor, als lauteten sie mit Digamma an. Das trifft jedoch nur für die nicht augmentierte Form (ϝ)εἴδ- zu. Diese also ist offenbar die dem Dichter geläufige; demnach ist stets εἴδεα, εἴδεε, εἴδη zu schreiben (WACKERNAGEL [1878] 1979, 1519). Im Konjunktiv hat Tyrannion wohl richtig εἴδω εἴδῃς geschrieben gegenüber Aristarchs εἰδῶ (bzw. εἰδέω), εἰδῇς (WACKERNAGEL 1916, 73).

ὀπίσσωτρα war an mehreren Stellen eine antike Variante für das geläufige ἐπίσσωτρα. Jenes ist offenbar das Ältere, da die mykenische Präposition ὀπί (= ἐπί) darin noch bewahrt ist.

Der Genetiv der Namen Πέτεως und Πηνέλεως wird in den meisten Ausgaben -έωο geschrieben. Man erwartet aber eher -έῳο (aus *-ήοιο durch Quantitätenmetathese), und dafür spricht die Autorität Aristarchs sowie das Zeugnis mehrerer Papyri.

πόλις hatte ursprünglich Akk. Pl. *-ινς, was zu -ῑς führte. Im Attischen und in der Koine ist -ῑς durch das vom Nominativ übernommene -εις verdrängt worden. Dies herrscht weitgehend auch in der Homer-Überlieferung vor. Doch hier und da gibt es Spuren von πόλῑς (codd. AV in 2.648, gegen die Papyri, u.a.; s. WEST 1998, XXXIV), und man wird kaum fehlgehen, wenn man diese Form auch sonst einsetzt. Analog wäre in 12.258 usw. (mit Bekker) ἐπάλξῖς zu schreiben statt ἐπάλξεις.

Ähnlich verhält es sich beim Akk. Pl. von **πολύς**. Die älteste Form war \*-ύνς > -ύς. Später ist πολέας aufgekommen und noch später πολεῖς. Diese Formen sind in der Homer-Überlieferung normal, auch wo zweisilbige Messung geboten ist. Doch an einer Stelle wird berichtet, daß Zenodot πολύς schrieb (2.4), und an einer anderen (1.559) scheint ein Papyrus diese Lesart zu bieten. Das kann nur auf alter, echter Überlieferung beruhen. Die altertümliche Form wird also auch sonst wiederherzustellen sein.

**σμῶδιγξ** (statt -ιξ), wie bei Hesych und Doxapatres zu 2.267, muß der richtige Nominativ des Worts sein, da der Stamm σμῶδιγγ- ist (23.716 σμῶδιγγες). Der Akut ist trotz des kurzen Iota berechtigt, da das ιγ [iñ], Vokal + Sonant, einem Diphthong gleichkommt (VENDRYÈS 1945, 50).

Die Partikel **ταρ**, die mehrmals hinter einem Fragewort steht (τίς ταρ, πῶς ταρ usw.), ist nicht in τ' ἄρ zu zerlegen, denn erstens wäre τε in einer Frage nicht am Platz, und zweitens heißt es (nach Fragewort) nie τάρα bzw. τ' ἄρα, obwohl diese Verbindung in der Erzählerrede üblich ist (1.465 = 2.428, 11.254, 15.397, 18.37 usw.) und zumindest in 1.123 und 2.761 auch metrisch gepaßt hätte. Schon Apollonios Dyskolos und Herodian haben ταρ für éin Wort erklärt. Es ist spezifisch homerisch, offenbar ein ganz altes Überbleibsel. WATKINS 1995, 150, hat es treffend mit der luwischen Partikel *tar* gleichgesetzt, die in der Verbindung *kwis tar* 'wer immer' bezeugt ist.

**τέσσερες** (statt τέσσαρες) ist eine ionische Dialektform (THUMB-SCHERER 281f.), die häufig von den Homer-Papyri, mitunter auch vom Venetus A geboten wird und somit sehr gute Chancen hat, echt zu sein.

**τρῖς** bzw. τρίς (aus \*τρίνς) war nach allgemeiner Überzeugung die alte Akkusativ-Form von τρεῖς (CHANTR. 1.260). Die Homer-Überlieferung bietet fast ausnahmslos τρεῖς; nur an einer Stelle (2.671) scheint ein Papyrus τρ[ι]ς gehabt zu haben, was freilich ein trivialer Fehler sein kann. Trotzdem bleibt der Verdacht, daß Akk. τρεῖς eine Modernisierung darstellt.

**φθεισήνωρ, φθεισίμβροτος** (statt φθισ-) sind die analog zum Aorist ἔφθεισα (WACKERNAGEL 1916, 75f.) zu erwartenden Bildungen. So haben Tryphon und Didymos geschrieben und als überliefert vorgefunden (s. Philox. Gramm. *fr.* 619 Theodoridis), und die Schreibung taucht gelegentlich auch in Papyri auf.

**χείλιοι** (statt χίλιοι) war die gemeingriechische Form des Zahlworts, χίλιοι war spezifisch attisch. Auch in diesem Fall sind Spuren der echten (vorattischen) Überlieferung in den Papyri erhalten geblieben (s. zu 7.471, 11.244). Hinzu kommt, daß Aristarch die Komposita ἐννεάχ(ε)ιλοι und δεκάχ(ε)ιλοι (5.860, 14.148) als 'neun bzw. zehn χείλη habend' erklärte; er hat also offenbar -χειλοι gelesen.

ᾦ μοι (statt ὦ μοι, ὤμοι), durch mehrere antike Quellen als die echte Schreibung bezeugt, steht noch in den besten mittelalterlichen Handschriften von Homer, Aischylos und Sophokles (s. dazu WEST 1990, LIII).

Zu weiteren Einzelheiten s. WEST 1998.

## BIBLIOGRAPHISCHE ABKÜRZUNGEN

| | |
|---|---|
| Allen 1931 | Allen, T.W.: Homeri Ilias, I: Prolegomena, Oxford 1931. |
| Bekker (1843) 1858 | Bekker, I.: Carmina Homerica. Emendabat et annotabat I. B., I: Ilias, Bonn ²1858 (¹1843). |
| Cassio 1991/93 | Cassio, A.C.: La più antica iscrizione greca di Cuma e τίν(ν)υμαι in Omero, in: Die Sprache 35, 1991/93, 187–207. |
| CEG | Hansen, P.A.: Carmina epigraphica Graeca (Texte und Kommentare, 12 u. 15), Berlin/New York 1983–1990 (2 Bde.). |
| Chantr. | Chantraine, P.: Grammaire homérique, Paris ⁶1986–88 (¹1942–53) (2 Bde.). |
| DELG | Chantraine, P.: Dictionnaire étymologique de la langue grecque. Histoire des mots, Paris 1968–1980. |
| Kühner-Blass | Kühner, R. / Blass, F.: Ausführliche Grammatik der griechischen Sprache. 1. Teil: Elementar- und Formenlehre, Hannover ³1890–1992 (2 Bde.; ¹1834–35). |
| Leumann 1950 | Leumann, M.: Homerische Wörter (Schweizerische Beitr. zur Altertumswiss., 3), Basel 1950 (Nachdruck Darmstadt 1993). |
| LfgrE | Lexikon des frühgriechischen Epos. Begründet von Bruno Snell. Im Auftrag der Akademie der Wissenschaften in Göttingen vorbereitet und hrsg. vom Thesaurus Linguae Graecae, Göttingen 1955ff. |
| Risch | Risch, E.: Wortbildung der homerischen Sprache, Berlin/New York ²1974 (¹1937). |
| Schulze (1888) 1934 | Schulze, W.: Zwei verkannte Aoriste, in: ders., Kleine Schriften, hrsg. vom Indogermanischen Seminar der Universität Berlin, Göttingen o. J. (1934) 330–349 (urspr. in: KZ 29, 1888, 230–255). |
| Schulze 1892 | Schulze, W.: Quaestiones Epicae, Gütersloh 1892. |
| Schw. | Schwyzer, E. / Debrunner, A. / Georgacas, D.J. / Radt, F. und S.: Griechische Grammatik (Handbuch der Altertumswissenschaft, 2.1.1–4), München 1939–1994 (4 Bde.). |
| Sihler 1995 | Sihler, A.L.: New Comparative Grammar of Greek and Latin, New York 1995. |
| Threatte 1980 | Threatte, L.: The Grammar of Attic Inscriptions, I: Phonology, Berlin/New York 1980. |
| Thumb-Scherer | Thumb, A. / Scherer, A.: Handbuch der griechischen Dialekte, 2. Teil, Heidelberg ²1959 (¹1909). |
| Vendryès 1945 | Vendryès, J.: Traité d'accentuation grecque, Paris 1945. |

Wackernagel (1877) 1953 Wackernagel, J.: Der griechische Verbalakzent, in: Wackernagel 1953 (Bd. 2), 1058–1071 (urspr. in: KZ 23, 1877, 457–470).

Wackernagel (1878) 1979 Wackernagel, J.: Die epische Zerdehnung, in: Wackernagel
1979, 1512–1565 (urspr. in: Beiträge zur Kunde der indogermanischen
Sprachen 4, 1878, 259–312).

Wackernagel (1893) 1953 Wackernagel, J.: Beiträge zur Lehre vom griechischen Akzent,
in: Wackernagel 1953 (Bd. 2), 1072–1107 (urspr. in: Programm zur
Rektoratsfeier der Universität Basel, Basel 1893, 3–38).

Wackernagel (1893) 1953 Wackernagel, J.: Griechisch κτεριοῦσι, in: Wackernagel 1953
(Bd. 1), 828–830 (urspr. in: IF 2, 1893, 141–154).

Wackernagel (1914) 1953 Wackernagel, J.: Akzentstudien II; Akzentstudien III, in:
Wackernagel 1953 (Bd. 2), 1122–1153; 1154–1187 (urspr. in: GN
1914, 20–51; 97–130).

Wackernagel 1916 Wackernagel, J.: Sprachliche Untersuchungen zu Homer (Forschungen
zur griechischen und lateinischen Grammatik, 4), Göttingen 1916
(Nachdruck 1970).

Wackernagel 1953 Wackernagel, J.: Kleine Schriften, Bd. 1–2, hrsg. von der Akad. der
Wiss. zu Göttingen, Göttingen 1953 u.ö.

Wackernagel 1979 Wackernagel, J.: Kleine Schriften, Bd. 3, hrsg. von B. Forssman im
Auftrage der Akad. der Wiss. zu Göttingen, Göttingen 1979.

Watkins 1995 Watkins, C.: How to Kill a Dragon. Aspects of Indo-European Poetics,
New York 1995.

West 1966 West, M.L.: Hesiod, Theogony. Edited with Prolegomena and Com-
mentary, Oxford 1966 u.ö.

West 1990 West, M.L.: Praefatio, in: Aeschyli tragoediae cum incerti poetae Pro-
metheo. Edidit M.L. W., Stuttgart 1990, III–LV.

West 1998 West, M.L.: Praefatio, in: Homeri Ilias. Recensuit / testimonia conges-
sit M.L. W., Bd. 1, Stuttgart/Leipzig 1998, V–XXXVII.

## Vorbemerkung zu Text und kritischem Apparat

Im Juli 2015 ist Prof. Dr. Martin West, Unterstützer und Experte unseres Projekts in textlichen Fragen von Beginn an, unerwartet aus dem Leben gerissen worden. Wir verneigen uns vor seiner Lebensleistung und werden ihn und seine engagierte Mitarbeit an unserem Kommentar stets in dankbarer Erinnerung bewahren.


Frau Dr. Almut Fries (Oxford) danken wir herzlich für die kurzfristige Erstellung des gekürzten, auf den Prinzipien von Martin West basierenden textkritischen Apparats.

# ILIAS 4

## TEXT UND ÜBERSETZUNG

Οἱ δὲ θεοὶ πὰρ Ζηνὶ καθήμενοι ἠγορόωντο
χρυσέῳ ἐν δαπέδῳ· μετὰ δέ σφισι πότνια Ἥβη
νέκταρ ἐῳνοχόει, τοὶ δὲ χρυσέοις δεπάεσσιν
δειδέχατ᾽ ἀλλήλους, Τρώων πόλιν εἰσορόωντες.
5      αὐτίκ᾽ ἐπειρᾶτο Κρονίδης ἐρεθιζέμεν Ἥρην
κερτομίοις ἐπέεσσι, παραβλήδην ἀγορεύων·
         δοιαὶ μὲν Μενελάῳ ἀρηγόνες εἰσὶ θεάων,
         Ἥρη τ᾽ Ἀργείη καὶ Ἀλαλκομενηὶς Ἀθήνη·
         ἀλλ᾽ ἤτοι ταὶ νόσφι καθήμεναι εἰσορόωσαι
10       τέρπεσθον, τῷ δ᾽ αὖτε φιλομμειδὴς Ἀφροδίτη
         αἰεὶ παρμέμβλωκε καὶ αὐτοῦ κῆρας ἀμύνει.
         καὶ νῦν ἐξεσάωσεν ὀϊόμενον θανέεσθαι.
         ἀλλ᾽ ἤτοι νίκη μὲν ἀρηϊφίλου Μενελάου·
         ἡμεῖς δὲ φραζώμεθ᾽, ὅπως ἔσται τάδε ἔργα,
15       ἤ ῥ᾽ αὖτις πόλεμόν τε κακὸν καὶ φύλοπιν αἰνήν
         ὄρσομεν, ἦ φιλότητα μετ᾽ ἀμφοτέροισι βάλωμεν.
         εἰ δ᾽ αὖ πως τόδε πᾶσι φίλον καὶ ἡδὺ γένοιτο,
         ἤτοι μὲν οἰκέοιτο πόλις Πριάμοιο ἄνακτος,
         αὖτις δ᾽ Ἀργείην Ἑλένην Μενέλαος ἄγοιτο.
20     ὣς ἔφαθ᾽· αἱ δ᾽ ἐπέμυξαν Ἀθηναίη τε καὶ Ἥρη·
         πλησίαι αἵ γ᾽ ἥσθην, κακὰ δὲ Τρώεσσι μεδέσθην.
         ἤτοι Ἀθηναίη ἀκέων ἦν οὐδέ τι εἶπεν,
         σκυζομένη Διὶ πατρί, χόλος δέ μιν ἄγριος ᾕρει·
         Ἥρη δ᾽ οὐκ ἔχαδε στῆθος χόλον, ἀλλὰ προσηύδα·
25       αἰνότατε Κρονίδη, ποῖον τὸν μῦθον ἔειπες;
         πῶς ἐθέλεις ἅλιον θεῖναι πόνον ἠδ᾽ ἀτέλεστον,
         ἱδρῶ θ᾽ ὃν ἵδρωσα μόγῳ, καμέτην δέ μοι ἵπποι
         λαὸν ἀγειρούσῃ, Πριάμῳ κακὰ τοῖό τε παισίν;
         ἔρδ᾽· ἀτὰρ οὔ τοι πάντες ἐπαινέομεν θεοὶ ἄλλοι.
30     τὴν δὲ μέγ᾽ ὀχθήσας προσέφη νεφεληγερέτα Ζεύς·
         δαιμονίη, τί νύ σε Πρίαμος Πριάμοιό τε παῖδες
         τόσσα κακὰ ῥέζουσιν, ὅ τ᾽ ἀσπερχὲς μενεαίνεις
         Ἰλίου ἐξαλαπάξαι ἐϋκτίμενον πτολίεθρον;
         εἰ δὲ σύ γ᾽ εἰσελθοῦσα πύλας καὶ τείχεα μακρὰ
35       ὠμὸν βεβρώθοις Πρίαμον Πριάμοιό τε παῖδας

3 ἐω(ι)νοχόει Ar Hdn pp tt Z Ω: ἐνῳνο- Zen(?), ἔνια τῶν ὑπομνημάτων: ἐοινο- (Bentley) r
16 ἦ Nic A Bᶜ E Tᶜ: ἢ Ω*      17 αὖ πως Ar: αὔτως vel αὕτως Arph pp t Z Ω      γένοιτο Arph
p Ω: πέλοιτο Ar      27 inter ἱδρῶ θ᾽ et ἱδρῶθ᾽ haesitat Hdn: hoc schᴰ      33 ἐξαλαπάξαι
p t et fere Ω (ἐξαπαλ- Y Wᵃ?): ἐξαπολεσσαι p, -λ⟦εσαι⟧ p

Die Götter aber saßen währenddem bei Zeus und hielten Rat ab
auf goldnem Boden; unter ihnen schenkte Herrin *Hebe*
den Nektar ein: da tranken sie mit goldnen Bechern
einander zu – hinunter auf die Stadt der Troer blickend.

5 Sogleich versuchte der Kronide, Hera aufzureizen
mit Worten voller Spotts – leicht hingeworfen äußernd:

"*Zwei* sind es von den Göttinnen, die ständig *Menelaos* helfen:
Hera von Argos und von Ālalkomenái Athcne
*die* allerdings, die sitzen weit entfernt nur da und schauen

10 vergnüglich zu – doch *dem* steht seine lächelnsfrohe Aphrodite
zur Seite immer und wehrt ab von ihm die Todesbringer!
Und *jetzt* hat sie errettet ihn, als er schon wähnte, gleich zu *sterben*!!
Doch gut! Der *Sieg,* der geht klar an den Ares-Liebling Menelaos,
wir aber wollen überlegen, wie es werden soll mit diesen Dingen:

15 Ob wir erneut unsel'gen Krieg und fürchterliche Feldschlacht
erwecken sollen oder Freundschaft zwischen beiden stiften!
Wenn aber ctwa *dieses* allen lieb und angenehm erscheinen sollte,
ja, dann soll wciterhin des Priamos, des Fürsten, Stadt *bewohnt* sein,
und Helena, die Frau aus Argos, führe Menelaos wieder heim dann!"

20 So sprach er. Doch *die* murrten auf, Athene gleichwie Hera:
dicht beieinander saßen die – und Böses sannen sie den Troern.
Gewiß – Athene, die blieb still und sagte gar nichts
vor Ärger über Vater Zeus, doch wilder Zorn nahm sie gefangen;
der Hera aber faßte ihre Brust den Zorn *nicht*, und sie sprach ihn *so* an:

25 "Du schrecklichster Kronide! Was hast du da für ein Wort gesprochen?!
Wie? Willst du sinnlos machen all die Plage und erfolglos,
den Schweiß, den ich geschwitzt vor Müh' (matt wurden mir die Rosse),
als ich das Heer gesammelt, Priamos zum Leid und seinen Söhnen?
Tu's! Doch gewiß nicht alle werden wir, die Göttcr, Beifall spenden!"

30 Da sprach sie mächtig aufgebracht der Wolkensammler Zeus an:
"Du Wunderlichc! Womit tun nur Priamos und Priams Söhne
dir so viel Böses an, daß du so heftig wütend darauf aus bist,
Ilíos' wohlgebaute Stadt von Grund auf zu zerstören?
Wenn du, hineingelangt durch Tor und lange Mauern,

35 roh aufgefressen hättest Priamos und Priams Söhne

ἄλλους τε Τρῶας, τότε κεν χόλον ἐξακέσαιο;
ἔρξον ὅπως ἐθέλεις· μὴ τοῦτό γε νεῖκος ὀπίσσω
σοὶ καὶ ἐμοὶ μέγ᾽ ἔρισμα μετ᾽ ἀμφοτέροισι γένηται.
ἄλλο δέ τοι ἐρέω, σὺ δ᾽ ἐνὶ φρεσὶ βάλλεο σῆσιν·
40   ὁππότε κεν καὶ ἐγὼ μεμαὼς πόλιν ἐξαλαπάξαι
τὴν ἐθέλω, ὅθι τοι φίλοι ἀνέρες ἐγγεγάασιν,
μή τι διατρίβειν τὸν ἐμὸν χόλον, ἀλλά μ᾽ ἐᾶσαι·
καὶ γὰρ ἐγὼ σοὶ δῶκα ἑκών, ἀέκοντί γε θυμῷ.
αἳ γὰρ ὑπ᾽ ἠελίῳ τε καὶ οὐρανῷ ἀστερόεντι
45   ναιετάουσι πόληες ἐπιχθονίων ἀνθρώπων,
τάων μοι περὶ κῆρι τιέσκετο Ἴλιος ἱρή
καὶ Πρίαμος καὶ λαὸς ἐϋμμελίω Πριάμοιο.
οὐ γάρ μοί ποτε βωμὸς ἐδεύετο δαιτὸς ἐΐσης,
λοιβῆς τε κνίσης τε· τὸ γὰρ λάχομεν γέρας ἡμεῖς.
50   τὸν δ᾽ ἠμείβετ᾽ ἔπειτα βοῶπις πότνια Ἥρη·
ἤτοι ἐμοὶ τρεῖς μὲν πολὺ φίλταταί εἰσι πόληες,
Ἄργός τε Σπάρτη τε καὶ εὐρυάγυια Μυκήνη·
τὰς διαπέρσαι, ὅτ᾽ ἄν τοι ἀπέχθωνται περὶ κῆρι.
τάων οὔ τοι ἐγὼ πρόσθ᾽ ἵσταμαι οὐδὲ μεγαίρω.
55   εἴ περ γὰρ φθονέω τε καὶ οὐκ εἰῶ διαπέρσαι,
οὐκ ἀνύω φθονέουσ᾽, ἐπεὶ ἦ πολὺ φέρτερός ἐσσι.
ἀλλὰ χρὴ καὶ ἐμὸν θέμεναι πόνον οὐκ ἀτέλεστον·
καὶ γὰρ ἐγὼ θεός εἰμι, γένος δέ μοι ἔνθεν ὅθεν σοί,
καί με πρεσβυτάτην τέκετο Κρόνος ἀγκυλομήτης.
60   {ἀμφότερον, γενεῇ τε καὶ οὕνεκα σὴ παράκοιτις
κέκλημαι, σὺ δὲ πᾶσι μετ᾽ ἀθανάτοισιν ἀνάσσεις.}
ἀλλ᾽ ἤτοι μὲν ταῦθ᾽ ὑποείξομεν ἀλλήλοισι,
σοὶ μὲν ἐγώ, σὺ δ᾽ ἐμοί· ἐπὶ δ᾽ ἕψονται θεοὶ ἄλλοι
ἀθάνατοι. σὺ δὲ θᾶσσον Ἀθηναίῃ ἐπιτεῖλαι
65   ἐλθεῖν ἐς Τρώων καὶ Ἀχαιῶν φύλοπιν αἰνήν,
πειρᾶν δ᾽, ὥς κεν Τρῶες ὑπερκύδαντας Ἀχαιούς
ἄρξωσι πρότεροι ὑπὲρ ὅρκια δηλήσασθαι.
ὣς ἔφατ᾽, οὐδ᾽ ἀπίθησε πατὴρ ἀνδρῶν τε θεῶν τε.
αὐτίκ᾽ Ἀθηναίην ἔπεα πτερόεντα προσηύδα·

---

**36** interrogationis notam apposuit West, ut fort. F$^a$: stigmen pp     **46** περὶ Hdn Z Ω: πέρι O
**52** ἄργός sic A E T W G     **55–6** ath. Ar     **57** θέμεναι pp t Z Ω: ]ρηναι[ p (κ]ρῆναι Grenfell–
Hunt)     **60–1** susp. van Leeuwen, del. West: hab. Ar Nic sch$^D$ pp tt Ω     **64** θᾶσσον D:
θᾶσσον Ω*     **69a** [ορσε᾽ Αθηναιη κ]υδισ[τη Τριτ]ογενεια (cf. 515) add. p

und auch die andren Troer: hätt'st du *dann* den Zorn befriedigt?
Mach's, wie du willst! Nein – *dieser* Zank soll später
für dich und mich kein großer Streitpunkt zwischen beiden werden!
Doch etwas andres sag' ich dir, und du nimm's auf in deine Sinne:

40 Wenn mal vielleicht auch ich begierig eine Stadt gründlich zerstören
will – eine, in der Menschen, die *dir* lieb sind, wohnen,
dann halte diesen *meinen* Zorn nicht auf und lass' mich!
hab' doch auch ich's dir freigegeben – willig mit unwill'gem Herzen.
Denn die unter der Sonne und dem Himmel, dem bestirnten,

45 bewohnten *Städte* der auf Erden ansässigen Menschen,
von *denen* wurde stets herzlich von mir geehrt Ilios, die heil'ge,
und Priamos, wie auch das *Volk* des Priamos, des lanzenstarken;
denn nie gebrach's meinem Altar an angemeßnem Anteil:
an Opferguß und Fettduft – dies fiel *uns* ja zu als Anrecht."

50 Dem gab zur Antwort drauf die Herrin Hera mit den großen Augen:
"Sehr gut! *Mir* sind *drei* Städte die weit liebsten:
Argos und Sparta und Mykene mit den breiten Straßen:
die richt zugrund, wann immer sie von Herzen dir verhaßt sind!
Vor diese stell' ich mich *bestimmt* nicht und nehm's auch nicht übel;

55 denn wenn ich es verwehre und nicht zulaß, sie zu schleifen,
setz' ich die Abwehr *doch* nicht durch – du bist ja der weit stärk're!
Jedoch darf man auch *meine* Müh' nicht unvollendet machen:
bin eine Gottheit doch auch ich, und meine Abkunft ist wie deine,
und als die *älteste* hat Kronos mich gezeugt, der krummgesinnte;

60 {in beidem also: von der Abkunft her und weil ich *deine Gattin*
geheißen werd', du aber unter allen Göttern *Herr* bist}. –
Doch wirklich: Geben wir einander nach in diesen Dingen,
dir ich, du mir! Drauf folgen werden dann die andern Götter,
die unsterblichen. – Du jedoch befiehl ganz schnell der Athenáiē:

65 zu gehen auf der Troer und Achaier schauderhaften Kampfplatz –
und zu versuchen, wie die Troer die jetzt überheblichen Achaier
als *erste* wider den Vertrag zu schädigen beginnen könnten!"
So sprach sie, und nicht sagte nein der Menschen wie der Götter Vater:
Sofort sprach er die Worte, die gefiederten, zu Athenáiē:

70      αἶψα μάλ᾽ ἐς στρατὸν ἐλθὲ μετὰ Τρῶας καὶ Ἀχαιούς,
        πειρᾶν δ᾽, ὥς κεν Τρῶες ὑπερκύδαντας Ἀχαιούς
        ἄρξωσι πρότεροι ὑπὲρ ὅρκια δηλήσασθαι.

        ὣς εἰπὼν ὤτρυνε πάρος μεμαυῖαν Ἀθήνην,
        βῆ δὲ κατ᾽ Οὐλύμποιο καρήνων ἀΐξασα.
75      οἷον δ᾽ ἀστέρα ἧκε Κρόνου πάϊς ἀγκυλομήτεω
        ἢ ναύτῃσι τέρας ἠὲ στρατῷ εὐρέϊ λαῶν,
        λαμπρόν, τοῦ δέ τε πολλοὶ ἀπὸ σπινθῆρες ἵενται,
        τῷ εἰκυῖ᾽ ἤϊξεν ἐπὶ χθόνα Παλλὰς Ἀθήνη,
        κὰδ δ᾽ ἔθορ᾽ ἐς μέσσον· θάμβος δ᾽ ἔχεν εἰσορόωντας
80      Τρῶάς θ᾽ ἱπποδάμους καὶ ἐϋκνήμιδας Ἀχαιούς.
        ὧδε δέ τις εἴπεσκεν ἰδὼν ἐς πλησίον ἄλλον·
            ἦ ῥ᾽ αὖτις πόλεμός τε κακὸς καὶ φύλοπις αἰνή
            ἔσσεται, ἦ φιλότητα μετ᾽ ἀμφοτέροισι τίθησιν
            Ζεύς, ὅς τ᾽ ἀνθρώπων ταμίης πολέμοιο τέτυκται;
85      ὣς ἄρα τις εἴπεσκεν Ἀχαιῶν τε Τρώων τε.
        ἣ δ᾽ ἀνδρὶ ἰκέλη Τρώων κατεδύσεθ᾽ ὅμιλον,
        Λαοδόκῳ Ἀντηνορίδῃ, κρατερῷ αἰχμητῇ,
        Πάνδαρον ἀντίθεον διζημένη, εἴ που ἐφεύροι.
        ηὗρε Λυκάονος υἱὸν ἀμύμονά τε κρατερόν τε
90      ἑσταότ᾽· ἀμφὶ δέ μιν κρατεραὶ στίχες ἀσπιστάων
        λαῶν, οἵ οἱ ἕποντο ἀπ᾽ Αἰσήποιο ῥοάων.
        ἀγχοῦ δ᾽ ἱσταμένη ἔπεα πτερόεντα προσηύδα·
            ἦ ῥά νύ μοί τι πίθοιο, Λυκάονος υἱὲ δαΐφρον;
            τλαίης κεν Μενελάῳ ἐπὶ προέμεν ταχὺν ἰόν;
95          πᾶσι δέ κε Τρώεσσι χάριν καὶ κῦδος ἄροιο,
            ἐκ πάντων δὲ μάλιστα Ἀλεξάνδρῳ βασιλῆϊ.
            τοῦ κεν δὴ πάμπρωτα παρ᾽ ἀγλαὰ δῶρα φέροιο,
            αἴ κεν ἴδῃ Μενέλαον ἀρήϊον Ἀτρέος υἱόν
            σῷ βέλεϊ δμηθέντα πυρῆς ἐπιβάντ᾽ ἀλεγεινῆς.
100     ἀλλ᾽ ἄγ᾽ ὀΐστευσον Μενελάου κυδαλίμοιο·
            εὔχεο δ᾽ Ἀπόλλωνι Λυκηγενέϊ κλυτοτόξῳ
            ἀρνῶν πρωτογόνων ῥέξειν κλειτὴν ἑκατόμβην
            οἴκαδε νοστήσας ἱερῆς εἰς ἄστυ Ζελείης.

75 πάϊς Payne Knight: παῖς Ω      82 ἤ vel ἢ A F Y R G: ἦ Z Ω*      83 ἦ A: ἢ Ω*      88–9 εἴ
που—κρατερόν τε Ar pp tt Z Ω: εὖρε δὲ τόνδε Zen, ηυρε δ[ε] τ[ p (omisso 89)      89 ηὗρε
Fick: εὖρε p Z Ω      94 ἔπι προέμεν Ar: ἐπιπροέμεν Menecrates Z (ἐπεὶ προ-) Ω (ἐπὶ προ-
A B G; προέμεν A G)      97 πάρ᾽ Bᵃ Fᶜ R W: παρ᾽ Hdn Ω*      99 ἔπι βάντ᾽ nol. Hdn ("οὐκ
ἀναγκαῖον")

70 "Geh augenblicks ins Heer unter die Troer und Achaier:
versuche, wie die Troer die jetzt überheblichen Achaier
als *erste* wider den Vertrag zu schädigen beginnen könnten!"

So trieb er die Athene an, die es schon vorher drängte,
und sie brach auf von des Olympos Gipfeln stracks in Eile.

75 Wie einen Stern entsendet Kronos' Sohn, des krummgesinnten,
sei's Seeleuten als Zeichen oder einem breiten Heer von Kriegern –
einen, der strahlt und von dem viele Funken fliegen –,
dem gleichend flog geschwind zur Erde Pallas Athenáiē
und sprang hinab in ihre Mitte – Staunen hielt im Banne die Betrachter:

80 die pferdezüchtenden Troianer gleichwie die Achaier mit dem guten Beinschutz.
Und *so* sprach mancher oft, zum Nebenmanne blickend:
"Wird also *wieder* schlimmer Krieg und fürchterliche Feldschlacht
entstehen – oder stiftet Freundschaft zwischen beiden
Zeus, der ja als der Menschen Kriegswart waltet?"

85 So also sprach oft mancher der Achaier und der Troer.
Die aber, einem Manne von den Troern *gleichend*, tauchte in die Menge,
dem Sohn Antenors Laodokos, einem starken Lanzenkämpfer,
nach *Pandaros* dem göttergleichen suchend, ob sie ihn wo fände.
Sie *fand* Lykáons Sohn, den edlen und auch starken,

90 der *stand*, und beiderseits von ihm kraftvolle Reihen schildbewehrter
Kriegskämpfer, die gefolgt ihm waren von Aisēpos' Fluten.
Und nahe zu ihm tretend sagte sie die Worte, die gefiederten, *so* zu ihm:
"Magst du mir jetzt in einer Sache folgen, kampfbereiter Sohn Lykaons?
Wagtest du's wohl, auf Menelaos einen schnellen Pfeil zu schießen?

95 Bei allen Troern könntest du Beliebtheit dir und Ruhm erwerben,
am meisten aber doch von allen bei Aléxandros, dem König:
von dem trügst du zuallererst davon wohl glänzende Geschenke,
wenn er den Menelaos, Atreus' kriegerischen Sohn, erblickte,
wie der, durch dein Geschoß besiegt, bestieg den leid'gen Scheiterhaufen.

100 Drum auf! schieß einen Pfeil auf Menelaos den ruhmreichen!
Gelobe aber dem Apoll Lykēgenēs, dem hochberühmten Bogenschützen,
von Lämmern, erstgeborenen, zu opfern eine schöne Hekatombe,
nach Haus zurückgekehrt zur heil'gen Stadt Zeleia!"

ὣς φάτ᾽ Ἀθηναίη, τῷ δὲ φρένας ἄφρονι πεῖθεν·
105 αὐτίκ᾽ ἐσύλα τόξον ἐΰξοον ἰξάλου αἰγός
ἀγρίου, ὅν ῥά ποτ᾽ αὐτὸς ὑπὸ στέρνοιο τυχήσας
πέτρης ἐκβαίνοντα, δεδεγμένος ἐν προδοκῇσιν,
βεβλήκει πρὸς στῆθος, ὃ δ᾽ ὕπτιος ἔμπεσε πέτρῃ.
τοῦ κέρα ἐκ κεφαλῆς ἑκκαιδεκάδωρα πεφύκει·
110 καὶ τὰ μὲν ἀσκήσας κεραοξόος ἤραρε τέκτων,
πᾶν δ᾽ εὖ λειήνας χρυσέην ἐπέθηκε κορώνην.
καὶ τὸ μὲν εὖ κατέθηκε τανυσσάμενος, ποτὶ γαίῃ
ἀγκλίνας· πρόσθεν δὲ σάκεα σχέθον ἐσθλοὶ ἑταῖροι,
μὴ πρὶν ἀναΐξειαν ἀρήϊοι υἷες Ἀχαιῶν,
115 πρὶν βλῆσθαι Μενέλαον ἀρήϊον Ἀτρέος υἱόν.
αὐτὰρ ὃ σύλα πῶμα φαρέτρης, ἐκ δ᾽ ἕλετ᾽ ἰόν
ἀβλῆτα πτερόεντα, μελαινέων ἕρμ᾽ ὀδυνάων,
αἶψα δ᾽ ἐπὶ νευρῇ κατεκόσμει πικρὸν ὀϊστόν,
ηὔχετο δ᾽ Ἀπόλλωνι Λυκηγενέϊ κλυτοτόξῳ
120 ἀρνῶν πρωτογόνων ῥέξειν κλειτὴν ἑκατόμβην
οἴκαδε νοστήσας ἱερῆς εἰς ἄστυ Ζελείης.
εἷλκε δ᾽ ὁμοῦ γλυφίδας τε λαβὼν καὶ νεῦρα βόεια·
νευρὴν μὲν μαζῷ πέλασεν, τόξῳ δὲ σίδηρον.
αὐτὰρ ἐπεὶ δὴ κυκλοτερὲς μέγα τόξον ἔτεινεν,
125 λίγξε βιός, νευρὴ δὲ μέγ᾽ ἴαχεν, ἆλτο δ᾽ ὀϊστός
ὀξυβελής, καθ᾽ ὅμιλον ἐπιπτέσθαι μενεαίνων.

οὐδὲ σέθεν, Μενέλαε, θεοὶ μάκαρες λελάθοντο
ἀθάνατοι, πρώτη δὲ Διὸς θυγάτηρ ἀγελείη,
ἥ τοι πρόσθε στᾶσα βέλος ἐχεπευκὲς ἄμυνεν.
130 ἣ δὲ τόσον μὲν ἔεργεν ἀπὸ χροός, ὡς ὅτε μήτηρ
παιδὸς ἐέργῃ μυῖαν, ὅθ᾽ ἡδέϊ λέξεται ὕπνῳ·
αὐτῇ δ᾽ αὖτ᾽ ἴθυνεν, ὅθι ζωστῆρος ὀχῆες
χρύσειοι σύνεχον καὶ διπλόος ἤντετο θώρηξ.
ἐν δ᾽ ἔπεσε ζωστῆρι ἀρηρότι πικρὸς ὀϊστός·
135 διὰ μὲν ἂρ ζωστῆρος ἐλήλατο δαιδαλέοιο,
καὶ διὰ θώρηκος πολυδαιδάλου ἠρήρειστο

**109** κέρα p Heph. Choer. Z Ω (κέρᾱ A): κέρα᾽ Hdn     **115** Ἀτρέος υἱόν pp Ω* (ἀτρέως Y D): ἀρχὸν Ἀχαιῶν b T     **116** ὃ σύλα Ω: ἐσύλα p? Z     **117** ath. Ar: def. DSid ap. ApS 77.2     **119** ηὔχετο Fick: εὐχ- pp Ω     **122** εἷλκε p t W: ἕλκε Arn (cod. A) pp Ω*     **123–4** hoc ordine Ar pp Z Ω: inverso Zen     **125** ἄλτο rr, ἄλτο Y: ἆλτο p Z, ᾆλτο Ω*, ᾶλτο t^cod C W     **129** τοι Ar p Z Ω: οἱ Y R^c V: σοι r     πρόσθε Z: -θεν Ω     **131** ἐέργη(ι) Z A B E T Epm.: -ει t* Ω*     **132** αὐτῇ δ᾽ αὖτ(ο) West: αὐτὴ δ᾽ αὖτ᾽ Ω: αὐτη δ᾽ αὖτε Z     **136** del. Reichel (73-5, 89) et Lorimer (205, 250), quae etiam 137–8 susp.: legit Ar, cf. Arn ad 4.187a

So sprach Athene – ihm, dem Unverständ'gen, den Verstand beredend.
105 Sogleich nahm er hervor den gutpolierten Bogen von dem Steinbock,
dem wilden, den er ja einst selbst – unter der Brust ihn treffend,
als der heraustrat aus der Felswand, wo im Anstand er auf ihn gelauert –
geschossen hatte, in die Brust – und der war rücklings auf den Fels gefallen;
dem waren Hörner sechzehn Handbreit aus dem Kopf gewachsen,
110 und diese hatte sorgsam werkend dann in eins gefügt der Hornpolierer,
und als er alles gut geglättet, draufgesetzt den goldnen Haken. –
Und *diesen* Bogen setzte er, nachdem er ihn gespannt, gut nieder auf die Erde
gestemmt, und *vor* ihn hielten ihre Schilde seine trefflichen Gefährten,
damit nicht eher sprängen auf die kriegerischen Söhne der Achaier,
115 bevor getroffen wäre Menelaos, kriegerischer Sohn des Atreus.
Doch der nahm ab den Deckel von dem Köcher und griff einen Pfeil heraus sich,
noch ungebraucht, gefiedert – Hort von schwarzen Schmerzen;
schnell legt' er auf der Sehne sich zurecht den Pfeil, den scharfen,
und gab sein Wort Apoll Lykēgenēs, dem hochberühmten Bogenschützen,
120 von Lämmern, erstgeborenen, zu opfern eine schöne Hekatombe,
nach Haus zurückgekehrt zur heil'gen Stadt Zeleia.
Zog dann, zugleich die Kerben fassend und die rindsgewirkte Sehne:
die Sehne brachte er nah an die Brust, dem Bogen nah das Eisen.
Und als er dann zur Halbkreisform den Bogen spannte,
125 da pfiff der Bogen, sirrte laut die Sehne – schnellte jäh der Pfeil ab,
der spitze, durch die Menge *hin*zufliegen gierend.

Jedoch: *dich*, Menelaos, hatten die glücksel'gen Götter nicht vergessen,
die unsterblichen, und als erste nicht Zeus' Tochter, Führerin des Kriegsvolks,
die von dir, vor dich tretend, das scharfspitzige Geschoß abwehrte
130 und die es grade *so*viel dir vom Leibe abhielt, wie wenn eine Mutter
vom Kinde abwehrt eine Fliege, wenn's im süßen Schlaf liegt:
sie lenkt' es dorthin, wo die Gürtelschnallen,
die goldenen, zusammentrafen und verdoppelt ihm entgegentrat der Panzer:
hinein schoß in den enggeschloßnen Gurt der Pfeil, der scharfe.
135 Durchbohrte mithin zwar den schönverzierten Gürtel
und auch den Panzer, den kunstreich gefertigten, durchdrang er,

μίτρης θ', ἣν ἐφόρει ἔρυμα χροός, ἕρκος ἀκόντων,
ἥ οἱ πλεῖστον ἔρυτο· διάπρο δὲ εἴσατο καὶ τῆς,
ἀκρότατον δ' ἄρ' ὀϊστὸς ἐπέγραψε χρόα φωτός.
140    αὐτίκα δ' ἔρρεεν αἷμα κελαινεφὲς ἐξ ὠτειλῆς·
ὡς δ' ὅτε τίς τ' ἐλέφαντα γυνὴ φοίνικι μιήνῃ
Μῃονὶς ἠὲ Κάειρα, παρήϊον ἔμμεναι ἵππων —
κεῖται δ' ἐν θαλάμῳ, πολέες τέ μιν ἠρήσαντο
ἱππῆες φορέειν, βασιλῆϊ δὲ κεῖται ἄγαλμα,
145    ἀμφότερον κόσμός θ' ἵππῳ ἐλατῆρί τε κῦδος —
τοῖοί τοι, Μενέλαε, μιάνθην αἵματι μηροί
εὐφυέες κνῆμαί τε ἰδὲ σφυρὰ κάλ' ὑπένερθεν.

ῥίγησεν δ' ἄρ' ἔπειτα ἄναξ ἀνδρῶν Ἀγαμέμνων,
ὡς εἶδεν μέλαν αἷμα καταρρέον ἐξ ὠτειλῆς,
150    ῥίγησεν δὲ καὶ αὐτὸς ἀρηΐφιλος Μενέλαος·
ὡς δὲ ἴδεν νεῦρόν τε καὶ ὄγκους ἐκτὸς ἐόντας,
ἄψορρόν οἱ θυμὸς ἐνὶ στήθεσσιν ἀγέρθη.
τοῖς δὲ βαρὺ στενάχων μετέφη κρείων Ἀγαμέμνων,
χειρὸς ἔχων Μενέλαον, ἐπεστενάχοντο δ' ἑταῖροι·
155    *φίλε κασίγνητε, θάνατόν νύ τοι ὅρκι' ἔταμνον,*
*οἶον προστήσας πρὸ Ἀχαιῶν Τρωσὶ μάχεσθαι,*
*ὥς σ' ἔβαλον Τρῶες, κατὰ δ' ὅρκια πιστὰ πάτησαν.*
*οὐ μέν πως ἅλιον πέλει ὅρκιον αἷμά τε ἀρνῶν*
*{σπονδαί τ' ἄκρητοι καὶ δεξιαὶ ᾗς ἐπέπιθμεν}·*
160    *εἴ περ γάρ τε καὶ αὐτίκ' Ὀλύμπιος οὐκ ἐτέλεσσεν,*
*ἔκ τε καὶ ὀψὲ τελεῖ, σύν τε μεγάλῳ ἀπέτεισαν,*
*σὺν σφῇσιν κεφαλῇσι γυναιξί τε καὶ τεκέεσσιν.*
*εὖ γὰρ ἐγὼ τόδε οἶδα κατὰ φρένα καὶ κατὰ θυμόν·*
*ἔσσεται ἦμαρ ὅτ' ἄν ποτ' ὀλώλῃ Ἴλιος ἱρή*
165    *καὶ Πρίαμος καὶ λαὸς ἐϋμμελίω Πριάμοιο,*
*Ζεὺς δέ σφι Κρονίδης ὑψίζυγος, αἰθέρι ναίων,*
*αὐτὸς ἐπισσείῃσιν ἐρεμνὴν αἰγίδα πᾶσιν*
*τῆσδ' ἀπάτης κοτέων. τὰ μὲν ἔσσεται οὐκ ἀτέλεστα·*
*ἀλλά μοι αἰνὸν ἄχος σέθεν ἔσσεται, ὦ Μενέλαε,*

**137** ἔρυμα Ar pp tt Z Ω: ἔλυμα Zen Arph    **138** διὰ πρὸ fere Ω    **139** ἄρ' ὀϊστὸς Ar p tt Ω: ἄρα χαλκὸς Zen    **140** ath. Ar    κελαινεφὲς ἐξ pp tt* Z Ω: κατ' οὐταμένης [Ammon.]    **142** ἵππων Ar[a] p Max.[vl] Ω: "†ἵππω δυϊκῶς" (ἵπποιν?) Ar[b] Arph: ἵππῳ F[a]? rr: ιππω[ p: ἵπποις Max.[vl]    **145** κόσμός sic A C E F W    ἵππῳ Ω*: -ω p t Y D G    **148** δ' Ar Ω: τ' (nov. Did) W G    **149** ath. Ar; **149–50** om. p    **152** ἀγέρθη t Z Ω: ἐγέρθη p rr    **154** om. p[a]; fort. ath. aliquis (ablato eo laedi τὴν ἐνάργειαν contendit sch[bT])    **159** del. Koechly, prob. West: hab. Ar pp sch[D] Ω    **161** ἀπέτεισαν (Ar) p: -τισαν tt Ω: alii alia: τ<ε>ίσουσιν(?) Zen

die Mitra auch, die er als Leibschutz trug, zum Schutz vor Lanzen,
und die am meisten Schutz ihm bot – doch ganz durchfuhr er sogar diese –,
und ganz zuäußerst – *ritzte* dann der Pfeil die Haut des *Mannes*.
140 Und augenblicklich floß da Blut, wie Wolken dunkles, aus der Wunde –
und *wie* wenn eine Frau mit Purpurrot ein Stück aus Elfenbein färbt –
sei's eine aus Maionien oder eine Karerin – als Wangenstück für Pferde –
es liegt im Schatzraum, und es wünschten sich schon viele
der Wagenkämpfer, es zu haben, doch dem *König* liegt es da, das Kleinod,
145   als beides: Schmuck dem Pferd, dem Lenker Ruhmpfand –
*so,* Menelaos, wurden dir vom Blut gefärbt die Schenkel,
die gutgeformten Waden auch, und unten auch die schönen Knöchel.

Und da erschauderte natürlich gleich der Herr der Männer Agamemnon,
wie er das dunkle Blut erblickte, das hinabrann aus der Wunde,
150 und es erschauderte auch *selbst* der Ares-Liebling Menelaos –
doch als er sah, daß Sehnenreste wie auch Widerhaken *draußen* waren –
zurück kam da der Lebensmut in seiner Brust ihm.
Doch unter *denen* sagte tief aufseufzend der Gebieter Agamemnon,
die Hand dem Menelaos haltend, und es seufzten auf auch die Gefährten:
155   "Du lieber Bruder, hab' zum Tode dir die Opfertiere nun geschlachtet,
als ich *allein* vor die Achaier dich gestellt, zu kämpfen mit den Troern:
So schossen denn die Troer auf dich, nieder traten sie die treuen Eide!
Unmöglich aber bleiben *unerfüllt* die Eide und das Blut der Lämmer,
die Spenden ungemischten Weins, die rechten Hände, denen wir vertrauten!
160   Denn wenn für *jetzt* auch der Olympïer sie nicht erfüllte:
ganz wird er sie – auch spät – erfüllen, und sie werden hohe Buße zahlen,
mit ihren Köpfen, Frauen und den Kindern!
*Das* nämlich weiß ich gut – in Hirn und Herzen:
Es kommt der Tag, an dem dereinst zugrunde geht Ilios die heil'ge,
165   und Priamos und das gesamte Volk des Priamos, des lanzenstarken,
und Zeus, der Kronos-Sohn, der oben waltende, im Äther wohnend,
wird eigenhändig gegen sie die finstre Aigis schütteln – gegen *alle* –,
ob *dieses* Trugs ergrimmt! Nein – *das* wird unerfüllt *nicht* bleiben! –
Doch mir wird arges Weh um dich beschieden sein, mein Menelaos,

170　　αἴ κε θάνῃς καὶ μοῖραν ἀναπλήσῃς βιότοιο,
　　　　καί κεν ἐλέγχιστος πολυδίψιον Ἄργος ἱκοίμην.
　　　　αὐτίκα γὰρ μνήσονται Ἀχαιοὶ πατρίδος αἴης,
　　　　κὰδ δέ κεν εὐχωλὴν Πριάμῳ καὶ Τρωσὶ λίποιμεν
　　　　Ἀργείην Ἑλένην· σέο δ᾽ ὀστέα πύσει ἄρουρα
175　　κειμένου ἐν Τροίῃ ἀτελευτήτῳ ἐπὶ ἔργῳ.
　　　　καί κέ τις ὧδ᾽ ἐρέει Τρώων ὑπερηνορεόντων
　　　　τύμβῳ ἐπιθρῴσκων Μενελάου κυδαλίμοιο·
　　　　"αἴθ᾽ οὕτως ἐπὶ πᾶσι χόλον τελέσει᾽ Ἀγαμέμνων,
　　　　ὡς καὶ νῦν ἅλιον στρατὸν ἤγαγεν ἐνθάδ᾽ Ἀχαιῶν,
180　　καὶ δὴ ἔβη οἶκόνδε φίλην ἐς πατρίδα γαῖαν
　　　　σὺν κεινῇσιν νηυσί, λιπὼν ἀγαθὸν Μενέλαον."
　　　　ὥς ποτέ τις ἐρέει· τότε μοι χάνοι εὐρεῖα χθών.
　　　　τὸν δ᾽ ἐπιθαρσύνων προσέφη ξανθὸς Μενέλαος·
　　　　θάρσει, μηδέ τί πω δειδίσσεο λαὸν Ἀχαιῶν.
185　　οὐκ ἐν καιρίῳ ὀξὺ πάγη βέλος, ἀλλὰ πάροιθεν
　　　　εἰρύσατο ζωστήρ τε παναίολος ἠδ᾽ ὑπένερθεν
　　　　ζῶμά τε καὶ μίτρη, τὴν χαλκῆες κάμον ἄνδρες.
　　　　τὸν δ᾽ ἀπαμειβόμενος προσέφη κρείων Ἀγαμέμνων·
　　　　αἲ γὰρ δὴ οὕτως εἴη, φίλος ὦ Μενέλαε.
190　　ἕλκος δ᾽ ἰητὴρ ἐπιμάσσεται ἠδ᾽ ἐπιθήσει
　　　　φάρμαχ᾽, ἅ κεν παύσῃσι μελαινάων ὀδυνάων.
　　　　ἦ, καὶ Ταλθύβιον θεῖον κήρυκα προσηύδα·
　　　　Ταλθύβι᾽, ὅττι τάχιστα Μαχάονα δεῦρο κάλεσσον,
　　　　φῶτ᾽ Ἀσκληπιοῦ υἱόν, ἀμύμονος ἰητῆρος,
195　　ὄφρα ἴδῃ Μενέλαον, ἀρήϊον ἀρχὸν Ἀχαιῶν,
　　　　ὅν τις ὀϊστεύσας ἔβαλεν τόξων εὖ εἰδώς
　　　　Τρώων ἢ Λυκίων, τῷ μὲν κλέος, ἄμμι δὲ πένθος.

　　　　ὡς ἔφατ᾽, οὐδ᾽ ἄρα οἱ κῆρυξ ἀπίθησεν ἀκούσας,
　　　　βῆ δ᾽ ἰέναι κατὰ λαὸν Ἀχαιῶν χαλκοχιτώνων,
200　　παπταίνων ἥρωα Μαχάονα· τὸν δ᾽ ἐνόησεν
　　　　ἑσταότ᾽· ἀμφὶ δέ μιν κρατεραὶ στίχες ἀσπιστάων
　　　　λαῶν, οἵ οἱ ἕποντο Τρίκης ἐξ ἱπποβότοιο.
　　　　ἀγχοῦ δ᾽ ἱστάμενος ἔπεα πτερόεντα προσηύδα·

---

**170** μοῖραν "αἱ κοιναί" Didymi pp t Z Ω: πότμον Ar Η^γρ　　　**171** καὶ pp tt* Z Ω: ἦ Charax
**177** susp. West　　ἐπιθρῴσκων (Hdn) A: -θρώσκων (Did) pp Z Ω*　　　**184** πω Ar pp Z Ω:
που quidam ante Did　　　**185** ita fere pp t Z Ω (βέλος πάγη R): οὔ θην καίριον ὀξὺ βέλος
πάγη r^γρ　　　**195–7** ath. Ar　　　**195** ἀρχὸν Ἀχαιῶν pp A^γρ Ω*: Ἀτρέος υἱόν p A T D (-έως) R
**196–7** om. pp D, 197 tantum Υ: hab. p Ω*　　　**198** κῆρυξ B^c Υ D R: κῆρυξ Ω*

170 wenn du denn stirbst und so das Los erfüllst des Lebens;
und als Schandbarster würde ich zurück ins immerdurstige Argos gelangen,
denn augenblicklich würden die Achaier an die väterliche Erde denken;
und als Triumphstück würden wir dem Priamos samt Troern hier belassen
die Helena von *Argos*! Deine Knochen aber läßt verfaulen dann die Erde
175 *in Troia*, wo du liegst! Unabgeschloßnen Werkes!
Und mancher von den maßlos übermüt'gen Troern wird *so* reden
hinauf auf den Grabhügel springend des ruhmreichen Menelaos:
'Ja wenn doch *so* bei *allem* seinen Zorn beenden würde Agamemnon,
wie er grad jetzt *umsonst* hat hergeführt die Heerschar der Achaier
180 und nun nach Haus gegangen ist zu seiner väterlichen Erde
mit *leeren* Schiffen – und hat *dagelassen hier* den guten Menelaos!'
So wird einst einer reden – und dann mög' sich mir die breite Erde auftun!"
Doch *zu* ihm sagte aufmunternd der blonde Menelaos:
"Getrost! Gerat' noch nicht in Panik vor dem Heere der Achaier!
185 Nicht, wo's bedrohlich wär', steckt das Geschoß, das spitze, fest: davor noch
hielt es der strahlendblanke Gürtel ab, und untendrunter
der Schurz und auch die Mitra, die die Schmiedeleute schufen."
Ihn redete erwidernd an der Herrscher Agamemnon:
"Ach mög's doch wirklich so sein, lieber Menelaos!
190 Die Wunde aber wird der Arzt abtasten und wird auf sie legen
Heilkräuter, die befreien werden von den dunklen Schmerzen."
Sprach's aus und sagte zu Talthybios dann, dem göttergleichen Herold:
"Talthybios! ruf so schnell wie möglich den Macháon hierher,
den Mann, der Sohn ist des Asklepïos, des untadligen Arztes,
195 damit er Menelaos anschaut, den streitbaren Führer der Achaier,
den einer mit dem Pfeile traf, ein guter Bogenschütze,
der Troer einer oder Lykier – dem zum Ruhme, uns zur Trauer!"
So sprach er, und der Herold war nicht ungehorsam, als er's hörte,
brach auf zum Gang durchs Heer der erzgepanzerten Achaier
200 und sah sich nach Macháon um, dem Helden – und erkannt' ihn,
wie er da stand, beidseits von ihm kraftvolle Reihen schildbewehrter
Kriegskämpfer, die gefolgt ihm waren aus dem pferdereichen Trikē,
Und nahe zu ihm tretend sagte er die Worte, die gefiederten, *so* zu ihm:

ὄρσ᾽, Ἀσκληπιάδη, καλέει κρείων Ἀγαμέμνων,
205 ὄφρα ἴδῃς Μενέλαον ἀρήϊον ἀρχὸν Ἀχαιῶν,
ὅν τις ὀϊστεύσας ἔβαλεν τόξων εὖ εἰδώς
Τρώων ἢ Λυκίων, τῷ μὲν κλέος, ἄμμι δὲ πένθος.

ὣς φάτο, τῷ δ᾽ ἄρα θυμὸν ἐνὶ στήθεσσιν ὄρινεν·
βὰν δ᾽ ἰέναι καθ᾽ ὅμιλον ἀνὰ στρατὸν εὐρὺν Ἀχαιῶν.
210 ἀλλ᾽ ὅτε δή ῥ᾽ ἵκανον ὅθι ξανθὸς Μενέλαος
βλήμενος ἦν, περὶ δ᾽ αὐτὸν ἀγηγέραθ᾽ ὅσσοι ἄριστοι
κυκλόσ᾽, ὃ δ᾽ ἐν μέσσοισι παρίστατο ἰσόθεος φώς,
αὐτίκα δ᾽ ἐκ ζωστῆρος ἀρηρότος εἷλκεν ὀϊστόν·
τοῦ δ᾽ ἐξελκομένοιο πάλιν ἄγεν ὀξέες ὄγκοι.
215 λῦσε δέ οἱ ζωστῆρα παναίολον ἠδ᾽ ὑπένερθεν
ζῶμά τε καὶ μίτρην, τὴν χαλκῆες κάμον ἄνδρες.
αὐτὰρ ἐπεὶ ἴδεν ἕλκος, ὅθ᾽ ἔμπεσε πικρὸς ὀϊστός,
αἷμ᾽ ἐκμυζήσας ἐπ᾽ ἄρ᾽ ἤπια φάρμακα εἰδώς
πάσσε, τά οἵ ποτε πατρὶ φίλα φρονέων πόρε Χείρων.

220 ὄφρα τοὶ ἀμφεπένοντο βοὴν ἀγαθὸν Μενέλαον,
τόφρα δ᾽ ἐπὶ Τρώων στίχες ἤλυθον ἀσπιστάων·
οἳ δ᾽ αὖτις κατὰ τεύχε᾽ ἔδυν, μνήσαντο δὲ χάρμης.
ἔνθ᾽ οὐκ ἂν βρίζοντα ἴδοις Ἀγαμέμνονα δῖον
οὐδὲ καταπτώσσοντ᾽ οὐδ᾽ οὐκ ἐθέλοντα μάχεσθαι,
225 ἀλλὰ μάλα σπεύδοντα μάχην ἐς κυδιάνειραν.
ἵππους μὲν γὰρ ἔασε καὶ ἅρματα ποικίλα χαλκῷ —
καὶ τοὺς μὲν θεράπων ἀπάνευθ᾽ ἔχε φυσιόωντας
Εὐρυμέδων, υἱὸς Πτολεμαίου Πειραΐδαο·
τῷ μάλα πόλλ᾽ ἐπέτελλε παρισχέμεν, ὁππότε κέν μιν
230 γυῖα λάβῃ κάματος πολέας διὰ κοιρανέοντα —
αὐτὰρ ὃ πεζὸς ἐὼν ἐπεπωλεῖτο στίχας ἀνδρῶν.
καί ῥ᾽ οὓς μὲν σπεύδοντας ἴδοι Δαναῶν ταχυπώλων,
τοὺς μάλα θαρσύνεσκε παριστάμενος ἐπέεσσιν·
Ἀργεῖοι, μή πώ τι μεθίετε θούριδος ἀλκῆς·
235 οὐ γὰρ ἐπὶ ψεύδεσσι πατὴρ Ζεὺς ἔσσετ᾽ ἀρωγός,
ἀλλ᾽ οἵ περ πρότεροι ὑπὲρ ὅρκια δηλήσαντο,
τῶν ἤτοι αὐτῶν τέρενα χρόα γῦπες ἔδονται,
ἡμεῖς αὖτ᾽ ἀλόχους τε φίλας καὶ νήπια τέκνα

**205** ἴδῃς F Rᶜ W: -ῃ Ar Ω*, -ηαι Z    ἀρχὸν Ἀχαιῶν A b T: Ἀτρέος υἱόν p Ω* (-έως Y)
**208** ὄρινε pp Z Ω: ε[γει]ρε p: εδυνε p    **212** κυκλόσ᾽ Nicias Ptol Hdn Z Ω: κύκλος Ar Dˣ
**213** εἷλκεν (nov. Did) pᵘᵛ Ω: ἕλκεν Ar "αἱ πλείους" p Z    **235** ἐπὶ ψεύδεσσι Hermappias
Aλ Cᵃ D G: ἐπὶ ψεύδεσ(σ)ι Ar Ptol Ω*: ἐπιψευδέσσι Maas, prob. Leumann    **238** αὖτ᾽ Ar
[p] p G: δ᾽ αὖτ᾽ (nov. Did) Ω

"Jetzt auf! Sohn des Asklepïos! Es ruft der Herrscher Agamemnon,
205 daß du dir Menelaos anschaust, den streitbaren Führer der Achaier,
den einer mit dem Pfeile traf, ein guter Bogenschütze,
der Troer einer oder Lykier – dem zum Ruhme, uns zur Trauer!"
So sprach er, und *dem* regte er das Herz in seiner Brust auf.
Sie schritten aus zum Gange durchs Gewühl des Heeres der Achaier.
210 Doch als sie dann dorthin gelangten, wo der blonde Menelaos –
getroffen – sich befand und um ihn alle Besten sich gesammelt hatten
zum Kreise, da trat mitten unter sie der Mann, der göttergleiche,
und zog sofort heraus den Pfeil aus dem geschloßnen Gürtel,
und beim Herausziehn brachen wieder ab die scharfen Haken;
215 dann löste er den Gürtel ihm, den glänzendblanken, und darunter
den Schurz und auch die Mitra, die die Schmiedeleute schufen;
als er die Wunde *sah*, wo eingedrungen war der Pfeil, der scharfe,
sog er das Blut heraus und legte milde Kräuter kundig
darauf, die einstmals seinem Vater wohlgesinnt gab Cheirōn.

220 Während nun diese sich bemühten um den rufgewalt'gen Menelaos,
begannen gegen sie voranzugeh'n der Troer schildbewehrte Reihen;
da stiegen *die* erneut in ihre Rüstungen und riefen in sich wach die Kampflust.
Da hätt'st du einen edlen Agamemnon sehen können, der *nicht* matt war
und *nicht* sich duckte und *nicht* widerwillig war, zu kämpfen,
225 vielmehr sehr eifrig eilte in den Kampf, der Männern Ruhm bringt;
die Pferde ließ er stehen und den erzbeschlagnen Wagen –
und die hielt abseits fern, die schnaubenden, sein Dienstmann
Eurymedōn, der Sohn des Peiraïden Ptolemaios;
dem hatte er sehr eindringlich befohlen, sie bereitzuhalten, falls ihm etwa
230 die Glieder Müdigkeit ergriffe, über viele hin sein Führungsamt versehend –
doch *er* schritt ab zu Fuß die Reih'n der Männer,
und die, die er sich sputen sah unter den Dánaërn mit ihren flinken Rossen,
die spornte er, zu ihnen tretend, jeweils kräftig an mit Worten:
"Argeier! Keinesfalls laßt nach in ungestümer Wehrkraft!
235 Denn nicht wird ja *Betrügern* Vater Zeus als Helfer dienen,
vielmehr: die, die als erste wider die Eidschwüre Böses taten,
von denen *selbst* werden unweigerlich den zarten Leib die Geier fressen,
wir aber werden ihre lieben *Frauen* und die kleinen *Kinder*

ἄξομεν ἐν νήεσσιν, ἐπὴν πτολίεθρον ἕλωμεν.

240 οὕς τινας αὖ μεθιέντας ἴδοι στυγεροῦ πολέμοιο,
τοὺς μάλα νεικείεσκε χολωτοῖσιν ἐπέεσσιν·
Ἀργεῖοι ἰόμωροι, ἐλεγχέες, οὔ νυ σέβεσθε;
τίφθ᾽ οὕτως ἔστητε τεθηπότες ἠΰτε νεβροί,
αἵ τ᾽ ἐπεὶ οὖν ἔκαμον πολέος πεδίοιο θέουσαι,
245 ἑστᾶσ᾽, οὐδ᾽ ἄρα τίς σφι μετὰ φρεσὶ γίγνεται ἀλκή;
ὣς ὑμεῖς ἔστητε τεθηπότες, οὐδὲ μάχεσθε.
ἦ μένετε Τρῶας σχεδὸν ἐλθέμεν, ἔνθά τε νῆες
εἰρύατ᾽ εὔπρυμνοι, πολιῆς ἐπὶ θινὶ θαλάσσης,
ὄφρα ἴδητ᾽ αἴ κ᾽ ὔμμιν ὑπέρσχῃ χεῖρα Κρονίων;
250 ὣς ὅ γε κοιρανέων ἐπεπωλεῖτο στίχας ἀνδρῶν.
ἦλθε δ᾽ ἐπὶ Κρήτεσσι κιὼν ἀνὰ οὐλαμὸν ἀνδρῶν·
οἳ δ᾽ ἀμφ᾽ Ἰδομενῆα δαΐφρονα θωρήσσοντο.
Ἰδομενεὺς μὲν ἐνὶ προμάχοις, συῒ εἴκελος ἀλκήν,
Μηριόνης δ᾽ ἄρα οἱ πυμάτας ὤτρυνε φάλαγγας.
255 τοὺς δὲ ἰδὼν γήθησεν ἄναξ ἀνδρῶν Ἀγαμέμνων,
αὐτίκα δ᾽ Ἰδομενῆα προσηύδα μειλιχίοισιν·
Ἰδομενεῦ, περὶ μέν σε τίω Δαναῶν ταχυπώλων\
ἠμὲν ἐνὶ πτολέμῳ ἠδ᾽ ἀλλοίῳ ἐπὶ ἔργῳ
ἠδ᾽ ἐν δαίθ᾽, ὅτε πέρ τε γερούσιον αἴθοπα οἶνον
260 Ἀργείων οἱ ἄριστοι ἐνὶ κρητῆρσι κέρωνται.
εἴ περ γάρ τ᾽ ἄλλοί γε κάρη κομόωντες Ἀχαιοί
δαιτρὸν πίνωσιν, σὸν δὲ πλεῖον δέπας αἰεί
ἕστηχ᾽ ὥς περ ἐμοί, πιέειν ὅτε θυμὸς ἀνώγοι.
ἀλλ᾽ ὄρσεο πόλεμόνδ᾽, οἷος πάρος εὔχεαι εἶναι.
265 τὸν δ᾽ αὖτ᾽ Ἰδομενεὺς Κρητῶν ἀγὸς ἀντίον ηὔδα·
Ἀτρείδη, μάλα μέν τοι ἐγὼν ἐρίηρος ἑταῖρος
ἔσσομαι, ὡς τὸ πρῶτον ὑπέστην καὶ κατένευσα.
ἀλλ᾽ ἄλλους ὄτρυνε κάρη κομόωντας Ἀχαιούς,
ὄφρα τάχιστα μαχώμεθ᾽, ἐπεὶ σύν γ᾽ ὅρκι᾽ ἔχευαν
270 Τρῶες· τοῖσιν δ᾽ αὖ θάνατος καὶ κήδε᾽ ὀπίσσω
ἔσσετ᾽, ἐπεὶ πρότεροι ὑπὲρ ὅρκια δηλήσαντο.
ὣς ἔφατ᾽, Ἀτρείδης δὲ παρῴχετο γηθόσυνος κῆρ·
ἦλθε δ᾽ ἐπ᾽ Αἰάντεσσι κιὼν ἀνὰ οὐλαμὸν ἀνδρῶν.

---

**243** ἔστητε (hic et 246) Ptol Ω*: ἔστ- Ar Hdn [Plut.] A Rᵃ G    **245** τίς Ar Ω*: τί (nov. Did) p
Z Bᵃ E Tᵃ D G    **247** ἦ A R Gˣ: ἢ Ω*    ἔνθά sic omnes    **257** περὶ (Hdn) Ω*: πέρι (Ptol)
Z C Tᶜ    **260** κρητῆρσι (nov. Did) pp Ω: κρητῆρι Ar h Tˢ    κέρωνται Z Ω: κερῶν[ται p

fortführen auf den Schiffen, wenn wir ihre Stadt genommen!"

240 Die aber wiederum, die er sich drücken sah vor dem verhaßten Kampfe,
die tadelte er jeweils heftig mit erzürnten Worten:
"Argeier ihr! Maulhelden! Memmen! Habt ihr keine Scham im Leibe?
Was steht ihr denn so da, gelähmt vor Furcht – so wie Hirschkälber,
die, ganz ermattet vom Gerenne über weites Flachland, nunmehr
245 dasteh'n, und da ist jetzt kein Platz in ihrem Sinn für Wehrkraft:
so steht *ihr* da, gelähmt vor Furcht – und kämpft nicht!
Wartet ihr etwa, daß die Troer *dem* Punkt nahekommen, wo die Schiffe,
die heckverzierten, hochgezogen sind, am Strand des grauen Meeres,
damit ihr seht, ob über euch die Hand wohl hält Kroníōn?"

250 So schritt er, seines Führungsamtes waltend, ab die Reih'n der Männer,
und kam so zu den *Kretern*, durchs Gewühl der Männer schreitend:
die waren um Idomenéus, den kampferfahrnen, grade beim Sich-Rüsten:
Idomeneus bei den Vorkämpfern, einem Eber gleich an Wehrkraft,
und Merionēs trieb ihm an die hintersten Phalangen.
255 Als er nun *die* erblickte, wurde froh der Herr der Männer Agamemnon;
sogleich sprach er Idomeneus an mit den freundschaftlichen Worten:
"Idomeneus, dich schätz' ich *vor* den Dánaërn mit ihren flinken Rossen,
sowohl im Kampf als auch bei andersart'gem Werke –
und auch beim Mahl, sooft den Alters-Ehrenwein, den funkelroten,
260 die Besten der Argeier sich in Bechern mischen lassen:
denn wenn die *anderen* Achaier mit dem langen Haupthaar
halt ihren *Anteil* trinken, steht *dein* Becher stets mit größerer Füllung
für dich da, wie für mich – zu trinken, wann's die Lust gebietet.
Nun auf zum Kampf! – so, wie du dich seit je zu sein kannst rühmen!"
265 Ihm gab Idomeneus, der Kreter Kommandant, zu Antwort:
"Atride! Ja, sehr gern werd' ich ein zuverlässiger Gefährte
dir sein, wie ich von Anfang an versprach und zugenickt dir habe.
Doch treibe *andre* an von den Achaiern mit dem langen Haupthaar,
damit wir schleunigst kämpfen, da die Eide ja gebrochen haben
270 die Troer! Denen aber werden Tod und Kümmernisse später
beschieden sein, da sie *als erste* wider die Eidschwüre Böses taten."

So sprach er. – Der Atride aber eilte weiter, froh im Herzen,
und kam zu den Aianten, durchs Gewühl der Männer schreitend:

τὼ δὲ κορυσσέσθην, ἅμα δὲ νέφος εἵπετο πεζῶν·
275  ὡς δ᾽ ὅτ᾽ ἀπὸ σκοπιῆς εἶδεν νέφος αἰπόλος ἀνήρ
ἐρχόμενον κατὰ πόντον ὑπὸ Ζεφύροιο ἰωῆς,
τῷ δέ τ᾽ ἄνευθεν ἐόντι μελάντερον ἠΰτε πίσσα
φαίνετ᾽ ἰὸν κατὰ πόντον, ἄγει δέ τε λαίλαπα πολλήν,
ῥίγησέν τε ἰδών, ὑπό τε σπέος ἤλασε μῆλα,
280  τοῖαι ἅμ᾽ Αἰάντεσσι διοτρεφέων αἰζηῶν
δήϊον ἐς πόλεμον πυκιναὶ κίνυντο φάλαγγες
κυάνεαι, σάκεσίν τε καὶ ἔγχεσι πεφρικυῖαι.
καὶ τοὺς μὲν γήθησεν ἰδὼν κρείων Ἀγαμέμνων,
καί σφεας φωνήσας ἔπεα πτερόεντα προσηύδα·
285  Αἴαντ᾽, Ἀργείων ἡγήτορε χαλκοχιτώνων,
σφῶϊ μέν, οὐ γὰρ ἔοικ᾽ ὀτρυνέμεν, οὔ τι κελεύω·
αὐτὼ γὰρ μάλα λαὸν ἀνώγετον ἶφι μάχεσθαι.
αἲ γάρ, Ζεῦ τε πάτερ καὶ Ἀθηναίη καὶ Ἄπολλον,
τοῖος πᾶσιν θυμὸς ἐνὶ στήθεσσι γένοιτο·
290  τῶ κε τάχ᾽ ἠμύσειε πόλις Πριάμοιο ἄνακτος
χερσὶν ὕφ᾽ ἡμετέρῃσιν ἁλοῦσά τε περθομένη τε.

ὣς εἰπὼν τοὺς μὲν λίπεν αὐτοῦ, βῆ δὲ μετ᾽ ἄλλους.
ἔνθ᾽ ὅ γε Νέστορ᾽ ἔτετμε, λιγὺν Πυλίων ἀγορητήν,
οὓς ἑτάρους στέλλοντα καὶ ὀτρύνοντα μάχεσθαι,
295  ἀμφὶ μέγαν Πελάγοντα Ἀλάστορά τε Χρομίον τε
Αἵμονά τε κρείοντα Βίαντά τε ποιμένα λαῶν·
ἱππῆας μὲν πρῶτα σὺν ἵπποισιν καὶ ὄχεσφιν,
πεζοὺς δ᾽ ἐξόπιθε στῆσεν πολέας τε καὶ ἐσθλούς,
ἕρκος ἔμεν πολέμοιο· κακοὺς δ᾽ ἐς μέσσον ἔλασσεν,
300  ὄφρα καὶ οὐκ ἐθέλων τις ἀναγκαίῃ πολεμίζοι.
ἱππεῦσιν μὲν πρῶτ᾽ ἐπετέλλετο· τοὺς μὲν ἀνώγει
σφοὺς ἵππους ἐχέμεν μηδὲ κλονέεσθαι ὁμίλῳ·
μηδέ τις ἱπποσύνῃ τε καὶ ἠνορέηφι πεποιθώς
οἶος πρόσθ᾽ ἄλλων μεμάτω Τρώεσσι μάχεσθαι,
305  μηδ᾽ ἀναχωρείτω· ἀλαπαδνότεροι γὰρ ἔσεσθε.
ὃς δέ κ᾽ ἀνὴρ ἀπὸ ὧν ὀχέων ἕτερ᾽ ἅρμαθ᾽ ἵκηται,
ἔγχει ὀρεξάσθω, ἐπεὶ ἦ πολὺ φέρτερον οὕτω.

---

277 ἐόντι Ar t Ω: ἰόντι Zen p Z Aλ Fc V   282 κυάνεαι Ar p tt Z Ω: ἡρώων Zen   πεφρικυῖαι
Ara p t* Z Ω: βεβριθυῖαι Arb Hsch.   290 τώ Z: τῶ(ι) Ω   295 Χρομίον Hdn A: Χρόμιόν Ω*:
Σχέδιόν Z   299 ἔλασσεν Ar p tt Z Ω: ἔεργεν quidam ap. Did   301 (τοὺς) μὲν A D R W:
γὰρ As Ω*: ⟦μὲν⟧ γὰρ T

die rüsteten sich beide, und es folgte eine Wolke von Fußkämpfern.
275 Wie wenn vom Ausguck eine Wolke hat erspäht ein Ziegenhirte,
wie sie da übers Meer kommt unterm Druck des Zēphyrs,
und ihm, der weit entfernt ist, tiefschwarz so wie Teerpech
über die hohe See zu kommen scheint und einen Sturmwind mitbringt:
er schaudert bei dem Anblick und treibt in die Höhle seine Schafe:
280 Grad so bewegten sich, mit den Aianten, zeusgenährter starker Krieger
hauteng geschlossene Phalangen hin zum heißen Kampfc,
schwarzblau, von Schilden und von Lanzen starrend.
Auch als er *die* erblickte, wurde froh der Herrscher Agamemnon,
mit lauter Stimme sagte er die Worte, die gefiederten, zu ihnen:
285 "Aianten! Führer der Argeier mit dem erznen Harnisch!
Euch beide – 's ziemt mir ja nicht, euch zu drängen – heiß' ich *gar* nichts;
selbst fordert ihr ja euer Kriegsvolk trefflich auf, mit Macht zu kämpfen.
O wenn doch – Vater Zeus, Athene und Apollōn! –
gleichartige Gesinnung allen in der Brust erwüchse! –
290 dann würde sich wohl schnell dcs Fürsten Priamos Stadt beugen,
von unsren Händen eingenommen und vernichtet!"

Mit diesen Worten ließ er *die* am Ort zurück und schritt zu andren.
Da traf er nun den Nestor an, der Pylier klaren Redner,
der die Gefährten ordnete und sie zum Kämpfen antrieb:
295 rings um den großen Pelagōn, Alástor und Chromíōn,
um Haimōn, den gebietenden, und Bias, Hirt der Männer.
Die Wagenkämpfer stellte er zuvorderst auf mit Pferd und Wagen,
die Fußsoldaten hinter sie, die zahlreichen und tapfren,
ein Schutz zu sein im Kampf: die schlechten trieb er in die Mitte,
300 damit, wenn einer auch unwillig sei, er *notgedrungen* kämpfe.
Zuerst wies er die Wagenkämpfer an: denen befahl er,
zurückzuhalten ihre Pferde und sich im Gewühl nicht zu verheddern:
"Und niemand soll, auf Wagenkunst und Mannesmut vertrauend,
gesondert *vor* den andern mit den Troern kämpfen wollen –
305 und dann nicht rückwärts weichen: leichter seid ihr sonst zu schlagen!
Doch *der* Mann, der vom eignen Wagen dem des Gegners nahkommt,
der hole mit der Lanze aus: *so* ist's viel wirkungsvoller!

ὧδε καὶ οἱ πρότεροι πόλιας καὶ τείχε’ ἐπόρθεον,
τόνδε νόον καὶ θυμὸν ἐνὶ στήθεσσιν ἔχοντες.

310       ὣς ὁ γέρων ὤτρυνε πάλαι πολέμων εὖ εἰδώς·
καὶ τὸν μὲν γήθησεν ἰδὼν κρείων Ἀγαμέμνων,
καί μιν φωνήσας ἔπεα πτερόεντα προσηύδα·
ὦ γέρον, εἴθ’ ὡς θυμὸς ἐνὶ στήθεσσι φίλοισιν,
ὥς τοι γούναθ’ ἕποιτο, βίη δέ τοι ἔμπεδος εἴη·
315       ἀλλά σε γῆρας τείρει ὁμοίιον. ὡς ὄφελέν τις
ἀνδρῶν ἄλλος ἔχειν, σὺ δὲ κουροτέροισι μετεῖναι.
τὸν δ’ ἠμείβετ’ ἔπειτα Γερήνιος ἱππότα Νέστωρ·
Ἀτρείδη, μάλα μέν κεν ἐγὼν ἐθέλοιμι καὶ αὐτός
ὣς ἔμεν, ὡς ὅτε δῖον Ἐρευθαλίωνα κατέκταν.
320       ἀλλ’ οὔ πως ἅμα πάντα θεοὶ δόσαν ἀνθρώποισιν.
εἰ τότε κοῦρος ἔα, νῦν αὖτέ με γῆρας ἱκάνει.
ἀλλὰ καὶ ὣς ἱππεῦσι μετέσσομαι ἠδὲ κελεύσω
βουλῇ καὶ μύθοισι· τὸ γὰρ γέρας ἐστὶ γερόντων·
αἰχμὰς δ’ αἰχμάσσουσι νεώτεροι, οἵ περ ἐμεῖο
325       ὁπλότεροι γεγάασι πεποίθασίν τε βίηφιν.

ὣς ἔφατ’· Ἀτρείδης δὲ παρῴχετο γηθόσυνος κῆρ.
ηὗρ’ υἱὸν Πετεῷο Μενεσθῆα πλήξιππον
ἑσταότ’· ἀμφὶ δ’ Ἀθηναῖοι, μήστωρες ἀϋτῆς·
αὐτὰρ ὃ πλησίον ἑστήκει πολύμητις Ὀδυσσεύς,
330       πὰρ δὲ Κεφαλλήνων ἀμφὶ στίχες οὐκ ἀλαπαδναί
ἕστασαν· οὐ γάρ πώ σφιν ἀκούετο λαὸς ἀϋτῆς,
ἀλλὰ νέον συνορινόμεναι κίνυντο φάλαγγες
Τρώων ἱπποδάμων καὶ Ἀχαιῶν· οἳ δὲ μένοντες
ἕστασαν, ὁππότε πύργος Ἀχαιῶν ἄλλος ἐπελθών
335       Τρώων ὁρμήσειε καὶ ἄρξειαν πολέμοιο.
τοὺς δὲ ἰδὼν νείκεσσεν ἄναξ ἀνδρῶν Ἀγαμέμνων·
{καί σφεας φωνήσας ἔπεα πτερόεντα προσηύδα·}
ὦ υἱὲ Πετεῷο διοτρεφέος βασιλῆος,
καὶ σύ, κακοῖσι δόλοισι κεκασμένε, κερδαλεόφρον,

---

**308** πόλιας p Z Aᵐ Ω*: -εας Ar Ptol Hdn p A R W      **318** κεν pp *h* F: τοι Ω*      **320** ath. Ar ut a 13.729 invectum      **321** damn. Leaf (320–1 iam Franke)   ἱκάνει (nov. Did) pp tt Ω: ὀπάζει Ar *h*      **322** ὣς Ar Tyr Hdn E G: ὡς Ω*: ὡς Z A      **327** ηὗρ’ Fick: εὗρ’ tt Z Ω: εὗρε δ’ O      Πετεῷο schᴳ Z: -ῷο p Ω      **329** ἑστήκει Ar Did t Ω*: εἱστ- pp C F D W G, ιστ- pp      **333** Τρώων Ar p T D: Τρώων θ’ (nov. Did) Ω*      **334** πύργος Ἀχαιῶν Ar pp tt Z Ω: κέν τις ἐναντίον (et 335 ἄρξειεν) ℘      **337** (susp. Nauck) om. pp: hab. pp Ω      **338** Πετεωιο p: -ῷο pp Ω      **339** κερδαλεόφρον Ar pp t Z Ω: φαίδιμ’ Ὀδυσσεῦ Zen

So haben ja auch unsre Vorfahrn Städte schon zermalmt und Mauern:
mit dieser Planungskraft und diesem Kampfgeist in der Brust versehen."
310  So spornte *an* der Greis, von alters her in Kämpfen wohlerfahren.
Auch als er *den* erblickte, wurde froh der Herrscher Agamemnon
und sprach die Worte, die gefiederten, mit lauter Stimme zu ihm:
"O Alter! wenn doch nur, so wie in deiner Brust der Kampfgeist,
so deine Knie dir folgten und die Körperkraft dir unverändert wäre!
315  Jedoch das Alter, das ja alle gleich macht, quält dich. – Hätte *das* doch
ein anderer der Männer – und *du* wärest bei den Jugendfrischen!"
Ihm gab zur Antwort der Gerenische Kampfwagenritter Nestor:
"Atride! sehr gern wollte ich auch selbst ja
so sein wie damals, als ich den Ereuthalíōn, den erlauchten, totschlug!
320  Jedoch: auf keine Weise gaben alles ja zugleich die Götter *Menschen*!
Wenn ich damals ein Junger war, so hat mich jetzt erreicht das Alter.
Jedoch werd' ich auch so unter den Wagenkämpfern sein und leiten
mit Rat und Rede – ist doch dies das Ehrenamt der Alten;
die Lanzen aber werfen dann die Jüng'ren, die verglichen mit mir
325  die stärk'ren sind und ihrer Muskelkraft vertrauen."

So sprach er. – Der Atride aber eilte weiter, froh im Herzen.
Er fand den Sohn des Peteōs, den pferdegeißelnden Menestheus,
der dastand, und rings die Athener, Anstimmer des Schlachtrufs,
doch nahe bei ihm stand der vielverständige Odysseus,
330  daneben, beiderseits, der Kephallenen nicht kraftlose Reihen,
die *standen* – denn noch hörte nicht der beiden Schar den Kriegslärm,
sondern grad aufbrechend bewegten sich erst die Phalangen
der pferdebändigenden Troer so wie der Achaier – und *die* warteten
im Stehen drauf, daß eine *andre* Einheit der Achaier im Vorstoße
335  die Troer attackiere – und *sie* mit dem Kampf beginnen könnten.
Doch als er *die* erblickte, *schalt* der Herr der Männer Agamemnon,
{und laut sprach er die Worte, die gefiederten, zu ihnen:}
"O Sohn des Peteōs, des zeugenährten Königs,
und du durch schlimme Listen Ausgezeichneter, Profitverseßner!

340        τίπτε καταπτώσσοντες ἀφέστατε, μίμνετε δ᾽ ἄλλους;
          σφῶϊν μέν τ᾽ ἐπέοικε μετὰ πρώτοισιν ἐόντας
          ἑστάμεν ἠδὲ μάχης καυστειρῆς ἀντιβολῆσαι·
          πρώτω γὰρ καὶ δαιτὸς ἀκουάζεσθον ἐμεῖο,
          ὁππότε δαῖτα γέρουσιν ἐφοπλίζωμεν Ἀχαιοί.
345        ἔνθα φίλ᾽ ὀπταλέα κρέα ἔδμεναι ἠδὲ κύπελλα
          οἴνου πινέμεναι μελιηδέος, ὄφρ᾽ ἐθέλητον·
          νῦν δὲ φίλως χ᾽ ὁρόῳτε, καὶ εἰ δέκα πύργοι Ἀχαιῶν
          ὑμείων προπάροιθε μαχοίατο νηλέϊ χαλκῷ.
          τὸν δ᾽ ἄρ᾽ ὑπόδρα ἰδὼν προσέφη πολύμητις Ὀδυσσεύς·
350        Ἀτρείδη, ποῖόν σε ἔπος φύγεν ἕρκος ὀδόντων;
          πῶς δὴ φῂς πολέμοιο μεθιέμεν; ὁππότ᾽ Ἀχαιοί
          Τρωσὶν ἔφ᾽ ἱπποδάμοισιν ἐγείρομεν ὀξὺν ἄρηα,
          ὄψεαι, ἢν ἐθέλησθα καὶ αἴ κέν τοι τὰ μεμήλῃ,
          Τηλεμάχοιο φίλον πατέρα προμάχοισι μιγέντα
355        Τρώων ἱπποδάμων· σὺ δὲ ταῦτ᾽ ἀνεμώλια βάζεις.
          τὸν δ᾽ ἐπιμειδήσας προσέφη κρείων Ἀγαμέμνων,
          ὡς γνῶ χωομένοιο, πάλιν δ᾽ ὅ γε λάζετο μῦθον·
          διογενὲς Λαερτιάδη, πολυμήχαν᾽ Ὀδυσσεῦ,
          οὔτέ σε νεικείω περιώσιον οὔτε κελεύω.
360        οἶδα γάρ, ὥς τοι θυμὸς ἐνὶ στήθεσσι φίλοισιν
          ἤπια δήνεα οἶδε· τὰ γὰρ φρονέεις ἅ τ᾽ ἐγώ περ.
          ἀλλ᾽ ἴθι, ταῦτα δ᾽ ὄπισθεν ἀρεσσόμεθ᾽, εἴ τι κακὸν νῦν
          εἴρηται· τὰ δὲ πάντα θεοὶ μεταμώνια θεῖεν.
          ὣς εἰπὼν τοὺς μὲν λίπεν αὐτοῦ, βῆ δὲ μετ᾽ ἄλλους.
365        ηὗρε δὲ Τυδέος υἱόν, ὑπέρθυμον Διομήδεα,
          ἑσταότ᾽ ἔν θ᾽ ἵπποισι καὶ ἅρμασι κολλητοῖσιν·
          πὰρ δέ οἱ ἑστήκει Σθένελος, Καπανήϊος υἱός.
          καὶ τὸν μὲν νείκεσσεν ἰδὼν κρείων Ἀγαμέμνων·
          {καί μιν φωνήσας ἔπεα πτερόεντα προσηύδα·}
370        ὤ μοι, Τυδέος υἱὲ δαΐφρονος ἱπποδάμοιο,
          τί πτώσσεις, τί δ᾽ ὀπιπεύεις πολέμοιο γεφύρας;
          οὐ μὲν Τυδέϊ γ᾽ ὧδε φίλον πτωσκαζέμεν ἦεν,
          ἀλλὰ πολὺ πρὸ φίλων ἑτάρων δηΐοισι μάχεσθαι,

**343** καὶ δαιτὸς Ar pp tt Z Ω: καλέοντος Nauck    **351** aut post μεθιέμεν aut post ἄρηα (352)
interpungi posse monet Nic, illud praefert    **353** ἢν p t Z Ω*: ἢν κ᾽ p A T    **357** γνῶ pp tt
Z Ω: ?ἴδ]ε p    **359** οὔτέ sic Ω*: οὔτε G: οὔτι O    **363** μεταμώνια p tt A B E F Tᵃ: -μόλια
p Z Ω*    **365** ηὗρε Fick: εὖρε pp Ω    **367** ἑστήκει Ar Did X Ω*: εἱστ- p C F D W G
**369** om. p A (mg. rest.): hab. pp X Ω*    **370** ὤμοι A b T W, ᾤμοι X: ὦμοι p Ω*: ὤμοί Z

340 Was steht ihr denn, euch *duckend*, abseits da und wartet nur auf andre?
Euch beiden steht's doch wahrlich an, unter den ersten weilend
zu *stehen* und der Schlacht, der hitzigen, entgegen euch zu werfen!
Als *erste* hört ihr mich ja auch zum Mahle rufen,
wann immer wir für die Ratsherrn das Mahl anrichten, wir Achaier:
345 *dort* ist's euch lieb, gegrilltes Fleisch zu essen wie auch Becher
von Wein zu trinken, honigsüß, solang ihr Lust habt –
*jetzt* aber sähet ihr wohl gern zu, wenn gar *zehn* Trupps der Achaier
vorn *vor* euch kämpften mit erbarmungslosem Erze!"
Ihn sprach darauf, von unten blickend, *an* der vielverständige Odysseus:
350 "Atride! was ist dir da für ein Wort entwichen übern Zaun der Zähne?!
Wie kannst du unterstell'n, wir ließen ab vom Kampf? Wenn wir Achaier
wider die Troer, die roßzüchtenden, den wilden Ares wecken,
dann wirst du *sehen*, wenn du willst und falls dich das denn kümmert,
wie sich des Tēlemachos lieber Vater zugemischt hat den Vorkämpfern
355 der Troer, der roßzüchtenden: Was du da schwatzt, ist nichtig!"
Ihn sprach darauf mit einem Lächeln *an* der Herrscher Agamemnon –
wie er begriff: der zürnt! –, und nahm zurück die Rede:
"Du Zeus entstammender Laërtïade, vielvermögender Odysseus!
Nicht schelt' ich dich im Übermaß, noch gebe ich Befehle!
360 Ich weiß ja doch, wie sehr der Sinn in deiner Brust dir
wohlmeinende Gedanken hegt; denkst ja das gleiche wie ich selber.
Doch geh! *Das* bringen wir in Ordnung *später*, wenn jetzt etwas Böses
geäußert wurde: mögen das die Götter alles in den Wind geredet machen!"
Mit diesen Worten ließ er *die* am Ort zurück und schritt zu andren.
365 Da traf er nun auf Tydeus' Sohn, den hochgemuten Diomēdēs,
wie er da stand inmitten seiner Pferde und der wohlgefügten Wagen;
und neben ihm stand Sthénelos, der Sohn des Kapanéus, da.
Und als er den erblickte, *schalt* der Herrscher Agamemnon
{und richtete die Worte, die gefiederten, laut an ihn:}
370 "Weh mir, du Sohn des Tydeus, des kampfkund'gen Rossezähmers!
Was duckst du dich? Was lugst du nach des Kampffelds Rettungsgassen?
Dem *Tydeus* war's eindeutig *nicht* in dieser Weise lieb, sich wegzuducken,
sondern: weit *vor* den lieben Freunden mit dem Feind zu kämpfen!

ὡς φάσαν οἵ μιν ἴδοντο πονεόμενον· οὐ γὰρ ἐγώ γε
375 ἤντησ᾽ οὐδὲ ἴδον· περὶ δ᾽ ἄλλων φασὶ γενέσθαι.
ἤτοι μὲν γὰρ ἄτερ πολέμου εἰσῆλθε Μυκήνας
ξεῖνος ἅμ᾽ ἀντιθέῳ Πολυνείκεϊ λαὸν ἀγείρων·
οἳ δὲ τότ᾽ ἐστρατόωνθ᾽ ἱερὰ πρὸς τείχεα Θήβης,
καί ῥα μάλα λίσσοντο δόμεν κλειτοὺς ἐπικούρους.
380 οἳ δ᾽ ἔθελον δόμεναι, καὶ ἐπῄνεον ὡς ἐκέλευον,
ἀλλὰ Ζεὺς ἔτρεψε παραίσια σήματα φαίνων.
οἳ δ᾽ ἐπεὶ οὖν ᾤχοντο ἰδὲ πρὸ ὁδοῦ ἐγένοντο,
Ἀσωπὸν δ᾽ ἵκοντο βαθύσχοινον λεχεποίην,
ἔνθ᾽ αὖτ᾽ ἀγγελίην ἐπὶ Τυδῆ στεῖλαν Ἀχαιοί·
385 αὐτὰρ ὃ βῆ, πολέας δὲ κιχήσατο Καδμείωνας
δαινυμένους κατὰ δῶμα βίης Ἐτεοκληείης.
ἔνθ᾽ οὐδὲ ξεῖνός περ ἐὼν ἱππηλάτα Τυδεύς
τάρβει, μοῦνος ἐὼν πολέσιν μετὰ Καδμείοισιν,
ἀλλ᾽ ὅ γ᾽ ἀεθλεύειν προκαλίζετο, πάντα δ᾽ ἐνίκα
390 ῥηϊδίως· τοίη οἱ ἐπίρροθος ἦεν Ἀθήνη.
οἳ δὲ χολωσάμενοι Καδμεῖοι κέντορες ἵππων
ἂψ ἀναερχομένῳ πυκινὸν λόχον εἷσαν ἄγοντες,
κούρους πεντήκοντα, δύω δ᾽ ἡγήτορες ἦσαν,
Μαίων Αἱμονίδης, ἐπιείκελος ἀθανάτοισιν,
395 υἱός τ᾽ Αὐτοφόνοιο μενεπτόλεμος Λυκοφόντης.
Τυδεὺς μὲν καὶ τοῖσιν ἀεικέα πότμον ἐφῆκεν·
πάντας ἔπεφν᾽, ἕνα δ᾽ οἶον ἵει οἰκόνδε νέεσθαι·
Μαίον᾽ ἄρα προέηκε, θεῶν τεράεσσι πιθήσας.
τοῖος ἔην Τυδεὺς Αἰτώλιος· ἀλλὰ τὸν υἱόν
400 γείνατο εἷο χέρεια μάχῃ, ἀγορῇ δέ τ᾽ ἀμείνων.
ὣς φάτο· τὸν δ᾽ οὔ τι προσέφη κρατερὸς Διομήδης,
αἰδεσθεὶς βασιλῆος ἐνιπὴν αἰδοίοιο.
τὸν δ᾽ υἱὸς Καπανῆος ἀμείψατο κυδαλίμοιο·
Ἀτρεΐδη, μὴ ψεύδε᾽, ἐπιστάμενος σάφα εἰπεῖν.
405 ἡμεῖς τοι πατέρων μέγ᾽ ἀμείνονες εὐχόμεθ᾽ εἶναι·
ἡμεῖς καὶ Θήβης ἕδος εἵλομεν ἑπταπύλοιο,
παυρότερον λαὸν ἀγαγόνθ᾽ ὑπὸ τεῖχος ἄρειον,
πειθόμενοι τεράεσσι θεῶν καὶ Ζηνὸς ἀρωγῇ·

**374** ὡς Ω*: ὣς X B T R G    ἐγώ γε Bekker: ἔγωγε X Ω    **377** ξεῖνος Ar pp Ω: κεῖνος quidam ap. Did    **378** δὲ pp A T W G: ῥα Ω*    **384** ἔνθ᾽ αὖτ᾽ tt* p Ω: ἔνθ᾽ αὖ ApS: ἐνταῦθ᾽ sch Pind. Nem. 4.43a    ἐπὶ Ar Choer. Z Ω: ἔπι Hdn (cod. A)    **390** οἱ Ω: τοι p Z: περ O    **392** ἀναερχ- Z A F T Wˢ G: ἀνερχ- [p] t Ω*: ἐπανερχ- rr    **395** Λυκοφόντης p Aᵞʳ Ω: Πολυφόντης A    **400** ἀμείνων Ar A: -νω (nov. Did) p (-ωι) tt Aᵐ Ω*    **407–9** ath. Ar

So sagten die, die ihn sich abmüh'n sahen. Denn *ich* bin ihm

375 ja nie begegnet, hab' ihn nicht gesehen. Über, sagen sie, sei er den andern
gewesen. Und tatsächlich ist er ohne Krieg ja in Mykene eingezogen
als Gastfreund, mit dem göttergleichen Polynéikēs Kriegsvolk sammelnd:
die zogen ja zu Felde damals gegen Thebens heil'ge Mauern
und baten sehr darum, kraftvolle Helfer zu gewähren.

380 Und *die*, die *wollten* es gewähr'n, und hießen's gut, wie sie es wünschten,
doch Zeus brachte sie ab davon, indem er Unheilszeichen ließ erscheinen.
Und die, als sie nun gingen und des Wegs bereits vorangekommen
und an den Asōpos gekommen war'n, den Uferschilf- und gräserreichen,
da schickten die Achaier wiederum als Boten hin den *Tydeus*.

385 Und der ging los – und traf zahlreiche Kadmeionen
beim Festmahl in dem Hause von Etéoklēs' Gewalt an.
Da zeigte nun – wiewohl ein Fremder dort – der Wagenritter Tydeus
kein Zittern, ganz allein sich findend unter vielen Kadmeionen,
sondern zum Wettkampf forderte er sie heraus und siegte da in allem

390 ganz leicht: *so* eine Helferin war ihm Athene!
Die aber – sehr in Zorn geraten, die Kadmeier, Anstachler der Rosse –
die ließen ihm beim Heimweg einen dichten Hinterhalt sich sammeln
von fünfzig jungen Männern, und *zwei* waren Führer:
Maiōn der Haimonide, den Unsterblichen vergleichbar,

395 und Autophónos' Sohn, der kampferprobte Lykophontēs.
Tydéus verhängte freilich nun auch über *die* ein schnödes Schicksal:
er tötete sie alle – und nur éinen ließ er da zurück nach Hause kommen:
den *Maiōn* sandte er ja los, den Götterzeichen folgend:
Von *dieser* Art war der Aitōlïer Tydéus! Doch diesen *Sohn* da,

400 den zeugte er als schlechteren – im Kampf, im Rat hingegen beßren."
So sprach er. Doch ihm sagte *nichts* der starke Diomēdēs,
aus Achtung vor des Königs, des achtbaren, Tadel.
Ihm gab jedoch zur Antwort gleich der Sohn des Kapanéus, des edlen:
"Atride! Lüge nicht, obwohl du sehr wohl weißt *genau* zu reden!

405 *Wir* (merk's dir!) dürfen sagen, vielfach besser noch zu sein als unsre Väter:
*Wir* haben Thebens Sitz, des siebentorigen, wirklich *genommen*,
mit einem *klein'ren* Heere gegen eine *stärk're* Mauer –
vertrauend auf der Götter Zeichen und Zeus' Hilfe!

κεῖνοι δὲ σφετέρῃσιν ἀτασθαλίῃσιν ὄλοντο.
410  τὼ μή μοι πατέρας ποθ᾽ ὁμοίῃ ἔνθεο τιμῇ.
τὸν δ᾽ ἄρ᾽ ὑπόδρα ἰδὼν προσέφη κρατερὸς Διομήδης·
τέττα, σιωπῇ ἧσο, ἐμῷ δ᾽ ἐπιπείθεο μύθῳ.
οὐ γὰρ ἐγὼ νεμεσῶ Ἀγαμέμνονι ποιμένι λαῶν
ὀτρύνοντι μάχεσθαι ἐϋκνήμιδας Ἀχαιούς.
415  τούτῳ μὲν γὰρ κῦδος ἅμ᾽ ἕψεται, εἴ κεν Ἀχαιοί
Τρῶας δῃώσωσιν ἕλωσί τε Ἴλιον ἱρήν,
τούτῳ δ᾽ αὖ μέγα πένθος Ἀχαιῶν δῃωθέντων.
ἀλλ᾽ ἄγε δὴ καὶ νῶϊ μεδώμεθα θούριδος ἀλκῆς.
ἦ ῥα, καὶ ἐξ ὀχέων σὺν τεύχεσιν ἆλτο χαμᾶζε,
420  δεινὸν δ᾽ ἔβραχε χαλκὸς ἐπὶ στήθεσσιν ἄνακτος
ὀρνυμένου· ὑπό κεν ταλασίφρονά περ δέος εἷλεν.

ὡς δ᾽ ὅτ᾽ ἐν αἰγιαλῷ πολυηχέϊ κῦμα θαλάσσης
ὄρνυτ᾽ ἐπασσύτερον Ζεφύρου ὕπο κινήσαντος —
πόντῳ μέν τε πρῶτα κορύσσεται, αὐτὰρ ἔπειτα
425  χέρσῳ ῥηγνύμενον μεγάλα βρέμει, ἀμφὶ δέ τ᾽ ἄκρας
κυρτὸν ἰὸν κορυφοῦται, ἀποπτύει δ᾽ ἁλὸς ἄχνην —
ὣς τότ᾽ ἐπασσύτεραι Δαναῶν κίνυντο φάλαγγες
νωλεμέως πόλεμόνδε. κέλευε δὲ οἷσιν ἕκαστος
ἡγεμόνων· οἳ δ᾽ ἄλλοι ἀκὴν ἴσαν, οὐδέ κε φαίης
430  τόσσον λαὸν ἕπεσθαι ἔχοντ᾽ ἐν στήθεσιν αὐδήν,
σιγῇ, δειδιότες σημάντορας· ἀμφὶ δὲ πᾶσιν
τεύχεα ποικίλ᾽ ἔλαμπε, τὰ εἱμένοι ἐστιχόωντο.
Τρῶες δ᾽, ὥς τ᾽ ὄϊες πολυπάμονος ἀνδρὸς ἐν αὐλῇ
μυρίαι ἑστήκωσιν ἀμελγόμεναι γάλα λευκόν,
435  ἀζηχὲς μεμακυῖαι, ἀκούουσαι ὄπα ἀρνῶν,
ὣς Τρώων ἀλαλητὸς ἀνὰ στρατὸν εὐρὺν ὀρώρει·
οὐ γὰρ πάντων ἦεν ὁμὸς θρόος οὐδ᾽ ἴα γῆρυς,
ἀλλὰ γλῶσσ᾽ ἐμέμικτο· πολύκλητοι δ᾽ ἔσαν ἄνδρες.
ὦρσε δὲ τοὺς μὲν Ἄρης, τοὺς δὲ γλαυκῶπις Ἀθήνη
440  Δεῖμός τ᾽ ἠδὲ Φόβος καὶ Ἔρις ἄμοτον μεμαυῖα,
Ἄρεος ἀνδροφόνοιο κασιγνήτη ἑτάρη τε,
ἥ τ᾽ ὀλίγη μὲν πρῶτα κορύσσεται, αὐτὰρ ἔπειτα
οὐρανῷ ἐστήριξε κάρη καὶ ἐπὶ χθονὶ βαίνει.

410 τὼ r: τῶ Ω    416 τε Ω: δὲ p h V    423 ὕπο Ptol (Aristonici f.) Nicias Tyr: ὑπὸ A,
ὑπο- Ω    424 μέν τε p A W G: μὲν τὰ tt Aᵐ Ω*    426 ἰὸν Ar V: ἑὸν (nov. Did) p tt Z
Ω    427 κίνυντο tt Ω: ὄρνυντο p rr    434 ἑστήκωσιν p A Bᵃ E R: -κασιν t Ω*: -κοσιν
Tᵃ? Rᵃ?    435 μεμακυῖαι schᵇᵀ pᶜ tt Z Ω: μεμαυῖαι pᵃ Rᵃ    441 om. T (mg. rest. m. rec.) R

*Jene* hingegen gingen wegen ihrer eigenen Vermessenheit zugrunde.
410     Drum setze mir die Väter niemals in die *gleiche* Ehrenstellung!"
Ihn sprach darauf, von unten blickend, *an* der starke Diomēdēs:
"Papachen, schweige still und folge *meinem* Worte!
*Ich* nämlich nehm' es Agememnon, Hirten seiner Männer, *gar* nicht übel,
daß er zum Kämpfen antreibt die Achaier mit dem guten Beinschutz:
415     *Dem* nämlich wird der *Ruhm* zufallen, sollten die Achaier
die Troer schlagen und die heil'ge Ilios nehmen;
*dem* aber fällt auch großes *Leid* zu, falls geschlagen würden die *Achaier*!
Doch auf jetzt! Laß uns auf sturmstarke Wehrkraft sinnen!"
Sprach's und sprang voll gerüstet ab vom Wagen auf die Erde,
420     gewaltig aber rasselten die erznen Waffen auf der Brust des Fürsten,
wie er sich abschwang: selbst den Hartgesottnen hätte Angst beschlichen.

Wie wenn am vieltonigen Strand die Meereswoge
aufsteigt, in Wellen dicht gestaffelt, unterm Zephyr, der sie antreibt –
auf hoher See behelmt sie sich zuerst, dann aber
425     am festen Land sich brechend braust sie laut, und um die Klippen
gewölbt aufwallend gipfelt sie sich hoch und speit dann aus den Salzschaum –
so dicht gestaffelt sich voranbewegend schritten da der Dánaër Phalangen
in einem fort zum Kampf – Befehle aber gab den *Seinen* jeder
der *Führer*; und die andern schritten stumm: du würdest es nicht glauben,
430     daß eine derart große Menge Krieger – Stimme in der Brust! – *so* folge
in *Schweigen*, ihre Weisungsgeber achtend! Und um alle
glänzte das bunte Rüstzeug, worein eingehüllt sie reihenförmig schritten.
Die Troer aber – wie die Schafe eines gutbetuchten Mannes im Gehege,
unzählig viele, dastehn beim Gemolkenwerden ihrer Milch, der weißen,
435     beständig blökend, während sie die Stimme ihrer Lämmer hören –
so brandete der Kriegsschrei auf im breiten Heer der Troer:
nicht alle hatten ja den gleichen Zuruf und dieselbe Mundart,
sondern die Sprache war gemischt: weit hergerufen waren ja die Männer.

Es trieb die einen aber Ares an, die anderen Athene mit den hellen Augen,
440     und *Furcht* und *Schrecken* und die rastlos vorwärtsdrängende: die *Eris*,
des Ares, der die Männer tötet, Schwester und Gefährtin,
die – klein zuerst zwar – sich behelmt, dann aber
am *Himmel* fest anmacht ihr Haupt – und auf der *Erde* schreitet.

ἥ σφιν καὶ τότε νεῖκος ὁμοίιον ἔμβαλε μέσσῳ
445   ἐρχομένη καθ' ὅμιλον, ὀφέλλουσα στόνον ἀνδρῶν.

οἳ δ' ὅτε δή ῥ' ἐς χῶρον ἕνα ξυνιόντες ἵκοντο,
σύν ῥ' ἔβαλον ῥινούς, σὺν δ' ἔγχεα καὶ μένε' ἀνδρῶν
χαλκεοθωρήκων· ἀτὰρ ἀσπίδες ὀμφαλόεσσαι
ἔπληντ' ἀλλήλῃσι, πολὺς δ' ὀρυμαγδὸς ὀρώρει.
450   ἔνθα δ' ἅμ' οἰμωγή τε καὶ εὐχωλὴ πέλεν ἀνδρῶν
ὀλλύντων τε καὶ ὀλλυμένων, ῥέε δ' αἵματι γαῖα.
ὡς δ' ὅτε χείμαρροι ποταμοὶ κατ' ὄρεσφι ῥέοντες
ἐς μισγάγκειαν συμβάλλετον ὄβριμον ὕδωρ
κρουνῶν ἐκ μεγάλων κοίλης ἔντοσθε χαράδρης,
455   τῶν δέ τε τηλόσε δοῦπον ἐν οὔρεσιν ἔκλυε ποιμήν,
ὣς τῶν μισγομένων γένετο ἰαχή τε φόβος τε.

πρῶτος δ' Ἀντίλοχος Τρώων ἕλεν ἄνδρα κορυστὴν
ἐσθλὸν ἐνὶ προμάχοισι, Θαλυσιάδην Ἐχέπωλον·
τόν ῥ' ἔβαλε πρῶτος κόρυθος φάλον ἱπποδασείης,
460   ἐν δὲ μετώπῳ πῆξε, πέρησε δ' ἄρ' ὀστέον εἴσω
αἰχμὴ χαλκείη· τὸν δὲ σκότος ὄσσ' ἐκάλυψεν,
ἤριπε δ' ὡς ὅτε πύργος ἐνὶ κρατερῇ ὑσμίνῃ.
τὸν δὲ πεσόντα ποδῶν ἔλαβε κρείων Ἐλεφήνωρ
Χαλκωδοντιάδης, μεγαθύμων ἀρχὸς Ἀβάντων,
465   εἷλκε δ' ὑπὲκ βελέων λελιημένος, ὄφρα τάχιστα
τεύχεα συλήσειε. μίνυνθα δέ οἱ γένεθ' ὁρμή·
νεκρὸν γὰρ ἐρύοντα ἰδὼν μεγάθυμος Ἀγήνωρ
πλευρά, τά οἱ κύψαντι παρ' ἀσπίδος ἐξεφαάνθη,
οὔτησε ξυστῷ χαλκήρεϊ, λῦσε δὲ γυῖα.
470   ὣς τὸν μὲν λίπε θυμός, ἐπ' αὐτῷ δ' ἔργον ἐτύχθη
ἀργαλέον Τρώων καὶ Ἀχαιῶν· οἳ δὲ λύκοι ὣς
ἀλλήλοις ἐπόρουσαν, ἀνὴρ δ' ἄνδρ' ἐδνοπάλιζεν.

ἔνθ' ἔβαλ' Ἀνθεμίωνος υἱὸν Τελαμώνιος Αἴας,
ἠΐθεον θαλερὸν Σιμοείσιον, ὅν ποτε μήτηρ
475   Ἴδηθεν κατιοῦσα παρ' ὄχθῃσιν Σιμόεντος
γείνατ', ἐπεί ῥα τοκεῦσιν ἅμ' ἕσπετο μῆλα ἰδέσθαι.
τοὔνεκά μιν κάλεον Σιμοείσιον· οὐδὲ τοκεῦσιν

455 τηλόσε pp sch^{bTγρ} t* Z Ω: -όθι (praefert sch) Aristid. F   456 φόβος (deprec. Ar) pp t Ω: πόνος Ar h G^{γρ}   458 utrum Ἐχέ- an ἐχέ- dubitabat Ar   461 om. pp: hab. pp Ω   465 εἷλκε van Leeuwen (ἧλκε Fick): ἕλκε p Ω   472 ἐδνοπάλιζεν pp tt* Z Ω*: -ξεν ApS W: ἐδνοπ[ sch Aesch. Sept. 347   476 ἕσπετο E D: ἑσπ- A, ἕσπ- Z Ω*

*Die* warf auch *da* den Streit, der alle gleichmacht, zwischen ihnen in die Mitte,
445   sich fortbewegend durch die Masse, fördernd das Gestöhn der Männer.

Und die, sobald sie dann auf *einem* Platz zusammentreffend angekommen waren,
da stießen sie zusammen Schilde, Spieße und Gewalt der Männer,
der erzgepanzerten, und ihre Schilde mit den Buckeln
die trafen nahe aufeinander, es entstand ein großes Krachen,
450   und's gab zur gleichen Zeit ein Weh- und ein Triumphgeheul der Männer,
wie sie da töteten und selbst getötet wurden – und vom Blute floß die Erde.
So wie zwei schnee-geschwoll'ne Flüsse von den Bergen abwärtsströmend
in einem Mischungskessel ineinanderwerfen die gewalt'gen Wassermassen,
welche aus großen Quellbereichen kommen, in der hohlen Bergschlucht,
455   und deren dumpfen Donnerhall hört weitab im Gebirg der Hirte –
so hob, als *die* sich mischten, Schreien an und Schrecken.

Als erster tötete Antilochos einen Behelmten der Troianer:
den unter den Vorkämpfern trefflichenThalysiáden Echepōlos;
den also traf er da als erster am Stirnschutz des roßhaardichtbebuschten Helmes
460   und trieb die Lanze in die Stirn, und da hindurch drang in den Knochen
die erzne Lanze ein – und dem umhüllte Dunkelheit die Augen,
und wie ein Turm, so fiel er in der kraftgeladnen Feldschlacht.
Doch den, als er gefallen, packte an den Füßen der Gebieter Elephēnōr,
der Sohn des Chalkōdōn, der Kommandant der mutgetriebenen Abanter,
465   und zog ihn unter den Geschossen fort – begierig, schnellstens
die Waffen ihm zu nehmen – aber kurz nur währte da sein Ansturm;
denn wie er da den Leichnam zog, erblickte ihn der mutgetriebene Agēnōr,
und in die Rippen, die, als er sich bückte, bei dem Schilde sichtbar wurden,
stieß er mit erzbespitztem Spieß hinein – und löste ihm die Glieder.
470   So ließ denn *den* die Lebenskraft zurück. – Doch *neben* ihm kam eine Arbeit
zustande, eine mächtige, von Troern und Argeiern: so wie Wölfe
so gingen sie da aufeinander los – Mann stieß auf Mann ein.

Da schoß den Sohn des Anthemiōn *Aias*, Telamōns Sohn, nieder:
den Simoéisïos, den blühendjungen, den vor Zeiten seine Mutter
475   vom Ida talwärts kommend an Simóeis' Ufer
geboren hatte, als sie ihren Eltern folgte, nach dem Herdenvieh zu schauen;
deswegen nannten sie ihn Simoéisïos. Den lieben Eltern aber

θρέπτρα φίλοις ἀπέδωκε, μινυνθάδιος δέ οἱ αἰών
ἔπλεθ᾽ ὑπ᾽ Αἴαντος μεγαθύμου δουρὶ δαμέντι.
480　　πρῶτον γάρ μιν ἰόντα βάλε στῆθος παρὰ μαζόν
δεξιόν, ἀντικρὺ δὲ δι᾽ ὤμου χάλκεον ἔγχος
ἦλθεν· ὃ δ᾽ ἐν κονίῃσι χαμαὶ πέσεν αἴγειρος ὥς,
ἥ ῥά τ᾽ ἐν εἰαμενῇ ἕλεος μεγάλοιο πεφύκῃ
λείη, ἀτάρ τέ οἱ ὄζοι ἐπ᾽ ἀκροτάτῃ πεφύασιν·
485　　τὴν μέν θ᾽ ἁρματοπηγὸς ἀνὴρ αἴθωνι σιδήρῳ
ἐξέταμ᾽, ὄφρα ἴτυν κάμψῃ περικαλλέϊ δίφρῳ·
ἣ μέν τ᾽ ἀζομένη κεῖται ποταμοῖο παρ᾽ ὄχθας·
τοῖον ἄρ᾽ Ἀνθεμίδην Σιμοείσιον ἐξενάριξεν
Αἴας διογενής. τοῦ δ᾽ Ἄντιφος αἰολοθώρηξ
490　　Πριαμίδης καθ᾽ ὅμιλον ἀκόντισεν ὀξέϊ δουρί·
τοῦ μὲν ἅμαρθ᾽, ὃ δὲ Λεῦκον, Ὀδυσσέος ἐσθλὸν ἑταῖρον,
βεβλήκει βουβῶνα, νέκυν ἑτέρωσ᾽ ἐρύοντα·
ἤριπε δ᾽ ἀμφ᾽ αὐτῷ, νεκρὸς δέ οἱ ἔκπεσε χειρός.
τοῦ δ᾽ Ὀδυσεὺς μάλα θυμὸν ἀποκταμένοιο χολώθη,
495　　βῆ δὲ διὰ προμάχων, κεκορυθμένος αἴθοπι χαλκῷ,
στῆ δὲ μάλ᾽ ἐγγὺς ἰὼν καὶ ἀκόντισε δουρὶ φαεινῷ,
ἀμφὶ ἓ παπτήνας· ὑπὸ δὲ Τρῶες κεκάδοντο
ἀνδρὸς ἀκοντίσσαντος. ὃ δ᾽ οὐχ ἅλιον βέλος ἧκεν,
ἀλλ᾽ υἱὸν Πριάμοιο νόθον βάλε Δημοκόωντα,
500　　ὅς οἱ Ἀβυδόθεν ἦλθε, παρ᾽ ἵππων ὠκειάων·
τόν ῥ᾽ Ὀδυσεὺς ἑτάροιο χολωσάμενος βάλε δουρί
κόρσην· ἣ δ᾽ ἑτέροιο διὰ κροτάφοιο πέρησεν
αἰχμὴ χαλκείη· τὸν δὲ σκότος ὄσσ᾽ ἐκάλυψεν.
{δούπησεν δὲ πεσών, ἀράβησε δὲ τεύχε᾽ ἐπ᾽ αὐτῷ.}

505　　χώρησαν δ᾽ ὑπό τε πρόμαχοι καὶ φαίδιμος Ἕκτωρ,
Ἀργεῖοι δὲ μέγα ἴαχον, ἐρύσαντο δὲ νεκρούς,
ἴθυσαν δὲ πολὺ προτέρω. νεμέσησε δ᾽ Ἀπόλλων
Περγάμου ἐκκατιδών, Τρώεσσι δὲ κέκλετ᾽ ἀΰσας·
*ὄρνυσθ᾽, ἱππόδαμοι Τρῶες, μηδ᾽ εἴκετε χάρμης*
510　　*Ἀργείοις, ἐπεὶ οὔ σφι λίθος χρὼς οὐδὲ σίδηρος*
*χαλκὸν ἀνασχέσθαι ταμεσίχροα βαλλομένοισιν.*
*οὐ μὰν οὐδ᾽ Ἀχιλεύς, Θέτιδος πάϊς ἠϋκόμοιο,*

---

**478** θρέπτρα Ar p [Plut.] Cyr. Ω*, θρεπτρά Z: θρέπτα Zen pp Hsch^cod Phot. F^a W^a G
**483** πεφύκῃ Hermann, fort. W^a: -κει p Z Ω: πέφυκεν Düntzer　　　**501** ῥ᾽ p Ω: δ᾽ pp rr
**504** om. pp: hab. pp Ω　　　**506** μέγα ἴαχον A^s G: μέγ᾽ ἴαχον Z Ω*, μεγ ειαχον pp　　　**512** πάϊς
C O^c: παῖς Ω*

vergalt er ihre Großziehmühen nicht: kurzdauernd war sein Leben,
unter des hochgemuten Aias Speer bezwungen:
480  denn wie er da als erster kam, traf der ihn in die Brust, gleich bei der Warze,
der rechten, und geradewegs ging da der erzne Speer durch seine Schulter,
und der fiel in den Staub zu Boden – so wie eine Pappel,
die in der Niederung des großen Wiesengrunds heranwuchs,
ganz glatt, und Astwerk ist ihr an der höchsten Spitze nur erwachsen.
485  und die hat nun ein Wagenbauermann mit blankem Eisen
herausgehauen, einen Radkranz draus zu biegen einem schönen Wagen,
und die liegt nun verdorrend da am Uferrand des Flusses –
so also hieb den Anthemiden Simoéisïos heraus aus seiner Rüstung
Aias der gottentsproßne. – Doch auf *den* warf Antiphos im Funkelpanzer,
490  der Priamide, im Gewühl mit seiner scharfen Lanze:
*den* zwar verfehlte er, jedoch dem Leukos, tapferem Gefährten des Odysseus,
dem schoß er in die Weichen, als der grad die Leiche rückwärts zerrte:
da fiel der *auf* sie – und der Hand entglitt der Tote.
Daß der gefallen war, erzürnte aber sehr im Innern den Odysseus;
495  er schritt durch die Vorkämpfer, voll gewappnet mit der Funkelrüstung,
und trat ganz dicht heran und setzte an zum Wurfe mit dem Glanzspeer,
rings um sich blickend, und da wichen sie zurück, die Troer,
wie da der Mann den Speer schwang; und der warf's Geschoß nicht nutzlos,
sondern er traf Priamos' Nebensohn, den Dēmoκóōn,
500  der ihm von Abydós gekommen, von den schnellen Pferden:
*den* traf Odysseus, voller Zorns ob des Gefährten, mit der Lanze
geradwegs in die Schläfe, und da drang auch durch die andre Schläfe
die erzne Lanze durch – und dem umhüllte Dunkelheit die Augen:
{dumpf dröhnend fiel er um – es rasselte das Rüstzeug an ihm.}

505  Da wichen sie zurück, die Vorkämpfer und der glanzvolle Hektor,
doch die Argeier schrieen laut und zogen weg die Leichen
und rückten sehr weit vor. Unwillig wurde da Apollon,
als er hinunterblickte von der Pergamos, und trieb sie *an,* laut rufend:
    "Erhebt euch, rossezähmende Troianer! Gebt nicht nach in Kampflust
510  den Argos-Männern, denn ihr Körper ist ja weder Stein noch Eisen,
dem Erz, dem leibzerschneidenden, zu wehren, werden sie beschossen!
Und klar ist auch: Achilleus, Sohn der Thetis mit den schönen Locken,

μάρναται, ἀλλ᾽ ἐπὶ νηυσὶ χόλον θυμαλγέα πέσσει.
ὣς φάτ᾽ ἀπὸ πτόλιος δεινὸς θεός· αὐτὰρ Ἀχαιούς
515   ὦρσε Διὸς θυγάτηρ κυδίστη Τριτογένεια
ἐρχομένη καθ᾽ ὅμιλον, ὅθι μεθιέντας ἴδοιτο.

ἔνθ᾽ Ἀμαρυγκείδην Διώρεα μοῖρ᾽ ἐπέδησεν·
χερμαδίῳ γὰρ βλῆτο παρὰ σφυρὸν ὀκριόεντι
κνήμην δεξιτερήν· βάλε δὲ Θρῃκῶν ἀγὸς ἀνδρῶν,
520   Πείρως Ἰμβρασίδης, ὃς ἄρ᾽ Αἰνόθεν εἰληλούθει.
ἀμφοτέρω δὲ τένοντε καὶ ὀστέα λᾶας ἀναιδής
ἄχρις ἀπηλοίησεν· ὃ δ᾽ ὕπτιος ἐν κονίῃσιν
κάππεσεν, ἄμφω χεῖρε φίλοις ἑτάροισι πετάσσας,
θυμὸν ἀποπνείων· ὃ δ᾽ ἐπέδραμεν ὅς ῥ᾽ ἔβαλέν περ,
525   Πείρως, οὖτα δὲ δουρὶ παρ᾽ ὀμφαλόν· ἐκ δ᾽ ἄρα πᾶσαι
χύντο χαμαὶ χολάδες, τὸν δὲ σκότος ὄσσ᾽ ἐκάλυψεν.

τὸν δὲ Θόας Αἰτωλὸς ἐπεσσύμενος βάλε δουρί
στέρνον ὑπὲρ μαζοῖο, πάγη δ᾽ ἐν πλεύμονι χαλκός.
ἀγχίμολον δέ οἱ ἦλθε Θόας, ἐκ δ᾽ ὄβριμον ἔγχος
530   ἐσπάσατο στέρνοιο, ἐρύσσατο δὲ ξίφος ὀξύ·
τῷ ὅ γε γαστέρα τύψε μέσην, ἐκ δ᾽ αἴνυτο θυμόν.
τεύχεα δ᾽ οὐκ ἀπέδυσε· περίστησαν γὰρ ἑταῖροι,
Θρήϊκες ἀκρόκομοι δολίχ᾽ ἔγχεα χερσὶν ἔχοντες,
οἵ ἑ μέγαν περ ἐόντα καὶ ἴφθιμον καὶ ἀγαυόν
535   ὦσαν ἀπὸ σφείων· ὃ δὲ χασσάμενος πελεμίχθη.
ὣς τώ γ᾽ ἐν κονίῃσι παρ᾽ ἀλλήλοισι τετάσθην,
ἤτοι ὃ μὲν Θρῃκῶν, ὃ δ᾽ Ἐπειῶν χαλκοχιτώνων,
ἡγεμόνες· πολλοὶ δὲ περὶ κτείνοντο καὶ ἄλλοι.

ἔνθά κεν οὐκέτι ἔργον ἀνὴρ ὀνόσαιτο μετελθών,
540   ὅς τις ἔτ᾽ ἄβλητος καὶ ἀνούτατος ὀξέϊ χαλκῷ
δινεύοι κατὰ μέσσον, ἄγοι δέ ἑ Παλλὰς Ἀθήνη
χειρὸς ἑλοῦσ᾽, αὐτὰρ βελέων ἀπερύκοι ἐρωήν·
πολλοὶ γὰρ Τρώων καὶ Ἀχαιῶν ἤματι κείνῳ
πρηνέες ἐν κονίῃσι παρ᾽ ἀλλήλοισι τέταντο.

---

**517** μοῖρ᾽ ἐπέδησε (nov. Did) pp Ω: μοῖρα πέδ- Ar Z      **527** ἐπεσσύμενος Arᵃ: ἀπεσσύμενον
Arᵇ schᴰ Z T G: ἐπεσσύμενον (nov. Did) p Gˢ Ω*: -μενον utique pp      **528** πλεύμονι Phot.
(disertim) Gᵃ?, cf. Eust. 1436.63 et ad 12.189a: πνεύμονι pp Ω      **538** περὶ κτείνοντο A:
περικτ- Z Ω*      **539-44** susp. Benicken, **543–4** damn. Bentley      **539** ἔνθά sic Ω      οὐκέτι
Ptol schᵇᵀ Ω*: οὔ κέ τι (nov. Hdn) A Fᶜ T

der *kämpft* nicht! Bei den Schiffen köchelt er den Zorn, der das Gemüt quält."
So sprach er von der Stadt aus, der gewalt'ge Gott. – Doch die Achaier
515 trieb *an* Zeus' Tochter, die erhabenste Tritogeneia –
durchs Kampfgewühl hinschreitend –, *wo* sie lässig Werdende erblickte.

Da schlug den Amarynkeus-Sohn Diōrēs das Geschick in Fesseln:
von einem scharfkantigen Stein beim Knöchel wurde er getroffen
am rechten Bein – geworfen hatte ihn der Thraker-Führer
520 Peirōs, der Sohn des Ímbrasos, von Ainos hergekommen,
und beide Sehnen und die Knochen hatte da der unverschämte Steinblock
völlig zerschmettert – und da fiel er rücklings in die Staubschicht
zu Boden, beide Arme zu den lieben Freunden hin ausbreitend
die Lebenskraft aushauchend. Der jedoch, der ihn getroffen, kam gelaufen,
525 Peirōs, und stieß ihn mit dem Spieß beim Nabel, und heraus ergossen
sich alle Därme auf die Erde: dem umhüllte Dunkelheit die Augen.

Jenen jedoch traf Thóas der Aitōlïer in gierigem Heransturm mit dem Spieße
über der Warze in die Brust, und stecken blieb das Erz dort in der Lunge:
ganz nah heran an ihn kam aber Thoas, und heraus riß er die schwere Lanze
530 aus dessen Brust und zog das Schwert, das scharfe:
mit dem schlug er ihm mitten in den Magen – fort nahm er das Leben.
Die Rüstung aber zog er ihm *nicht* aus; denn *um* ihn traten die Gefährten,
die Thraker mit dem hohen Haarschopf, lange Lanzen in den Händen:
die stießen ihn, war er auch groß und stark und ehrfurchtheischend,
535 von sich – der aber wich zurück und kam ins Schwanken.
So lagen diese beiden ausgestreckt im Staube beieinander,
der eine von den Thrakern und der andre von den erzgepanzerten Epeiern –
zwei Führer! Viele aber wurden rings getötet, viele auch noch andre.

Da hätte kein Mann mehr das Werk getadelt, der hinzugekommen wäre,
540 wer immer unbeschossen noch und unverwundet von dem scharfen Erze
unhergeschlendert wäre in der Mitte, und es hätte ihn geführt Pallas Athene:
am Arm ihn packend, und von ihm gewehrt den Ansturm der Geschosse:
gar viele von den Troern und Achaiern lagen ja an jenem Tage
vornüber hingestreckt im Staube beieinander.